Gary Thorp

Zen oder die Kunst,
den Mond abzustauben

Gary Thorp

Zen oder die Kunst, den Mond abzustauben

Aus dem Amerikanischen von
Bernardin Schellenberger

HERDER
FREIBURG · BASEL · WIEN

Gedruckt auf umweltfreundlichem,
chlorfrei gebleichtem Papier

Deutsche Erstausgabe

Alle Rechte vorbehalten – Printed in Germany
© für die deutsche Ausgabe Verlag Herder
Freiburg im Breisgau 2001
Herstellung: fgb · freiburger graphische betriebe 2001
Typografie und Gestaltung:
smp-schmidt media production, Freiburg
Umschlaggestaltung und Konzeption:
R·M·E München / Roland Eschlbeck, Liana Tuchel
ISBN 3-451-07005-7

Inhalt

Es ist Hausputztag ...
Alle Götter und Buddhas sitzen solang
hinter dem Haus auf dem Rasen.

Masaoka Shiki

Danksagung

Beim Zen-Dichter Ryokan heißt es einmal: „In dieser einen Schüssel ist der Reis aus tausend Haushalten." Das kann ich auch von diesem Buch sagen. Es hätte nicht entstehen können, wenn sich nicht meine Familie, Freunde, Mitstudenten und Lehrer so lebhaft dafür interessiert und mich dabei unterstützt hätten. Besonders dankbar bin ich meinem ersten Lehrer, Wako Kazumitsu Kato, der mich in den richtigen Weg eingewiesen hat; außerdem meinen weiteren Lehrern und Freunden, die entweder mit anhaltender Mühe oder gelegentlich auch nur mit wenigen genau treffenden Worten dazu beigetragen haben, mich weiter voran zu bringen: Gary Snyder; die Treuhänder von Shunryo Suzuki Roshi und Dainin Katagiri Roshi; Tenshin Reb Anderson, Zoketsu Norman Fischer, Meiya Wender, Taigen Dan Leighton und die vielen anderen Lehrer und Schüler an den Zen-Zentren in Green Gulch Farm, Tassajara Zen Mountain und San Francisco.

Meine große Wertschätzung und meinen aufrichtigen Dank möchte ich auch meinem derzeitigen Lehrer Jusan Edward Espe Brown zusprechen, der das Dharma derart am Kochen hält, dass es genauso lebhaft weiterbrodelt wie alle seine sonstigen guten Suppen. Mein Dank gilt ferner der gelegentlich chaotischen Gruppe von Sitzenden in Edwards Donnerstagabend-*sangha*: George Lane, Betsy Bryant, Ginny Stanford, Hermann Clasen, Anne K. Brown, Harriette Greene, Peter Elias und Patricia Sullivan, um nur einige zu nennen.

Ferner will ich mich herzlich bedanken bei meiner Literaturagentin und langjährigen Freundin Victoria Shoemaker und meinen Lektoren Jackie Johnson und Vicki Haire bei Walker and Company. Ihr Können, ihre Geduld und ihr Einsatz sind vorbildlich, und ohne ihre Hilfe gäbe es dieses Buch nicht. Eventuell noch verbliebene Fehler gehen natürlich ganz auf mein Konto.

Nicht zuletzt möchte ich mich auch bei meiner Frau Lura für ihre Liebe, Geduld und Unterstützung bedanken sowie für ihre langjährige Gefährtenschaft, besonders während der Zeit, in der ich dieses Buch schrieb. Sie bereichert mein Leben ungemein.

Zur Einführung
Entdecken Sie Ihre Wohnung als idealen Meditationsraum

Vor vielen Jahren schenkten mir meine Eltern zum Schulabschluss einen Koffer. Ich bekam damals auch noch andere Geschenke, aber an den Koffer erinnere ich mich am lebhaftesten. Wenn man ein Reiseutensil bekommt, kann das ein ziemlich deutlicher Hinweis darauf sein, man solle sich endlich auf die Socken machen. Aber in diesem Fall lag es nicht in der Absicht meiner Eltern, mich mit sanfter Gewalt vor die Tür zu setzen. Sie wollten mich eher wie die Vögel ihre Jungen auf die Nestkante drängen. Es war für mich an der Zeit, einen neuen Blickwinkel zu gewinnen.

Ich brauchte einige Zeit, um mich an die Vorstellung zu gewöhnen, mein Elternhaus zu verlassen. Das ist verständlich, denn das Elternhaus ist in vieler Hinsicht eine Ausweitung des eigenen Ich. Der Ort, den man als sein Zuhause bezeichnet, bestimmt immer auch mit, welche Gefühle und Einstellungen man entwickelt, welche Entscheidungen man fällt und welche Ziele man sich setzt. Das Zuhause ist der Ort, an dem man sich wohl fühlt, am ehesten sich selbst treu und frei zum Träumen sein kann. Dort fühlt man sich meist auch am sichersten und am wenigsten von Ansprüchen und Zwängen von außen zerrissen. Wie immer auch sonst die Umstände sein mögen –, ob man Mann oder Frau ist, jung oder alt, allein oder mit anderen zusammen lebt – die häusliche Umgebung hat entscheidende Bedeutung. Ihre Wohnung drückt viele Aspekte Ihres Charakters und ästhetischen Empfindens aus; oft macht sie die feinen Grenzlinien zwischen Ihnen und dem Rest der Welt deutlich. Kein Wunder also, dass wir unsere Wohnungen für so wichtig halten.

Bevor ich bei meinen Eltern auszog, hatte ich mehrere Jahre lang an den Wochenenden als Musiker Geld verdient und gehofft, ich könne mir eines Tages meinen Lebensunterhalt als Jazzpianist verdienen. Nachdem ich mich selbstständig gemacht hatte, tat ich es dann auch einige Jahre. Aber ich musste mein Einkommen fast immer mit anderen Arbeiten aufbessern. Dabei lernte ich auch, wie man eine Wohnung in Ordnung hält, und ich machte meine erste intensivere Bekanntschaft mit dem Kochen. Bei all dem tat sich eine neue Welt auf. Es erschloss sich ein ganz neues Gefühl der Freiheit, und ich lernte für eine ganze Reihe anspruchsvoller Bereiche Verantwortung zu übernehmen.

Während dieser Zeit begann ich mich für den Buddhismus zu interessieren und entwickelte eine ziemlich mangelhafte, aber dennoch hilfreiche Zen-Praxis. In den frühen sechziger Jahren war es noch schwierig, ein Buch über Zen-Praxis zu finden; ein Großteil meiner Informationen darüber, die ich von Freunden und Musikerkollegen bezog, erwies sich als falsch und irreführend. Dennoch zog mich etwas am Zen an, ja faszinierte mich. Vielleicht hatte das mit der Improvisation zu tun. Als Jazzmusiker machte ich nämlich eine interessante Beobachtung: Wenn ich mich restlos in die Musik hineingab, die ich spielte, überkam mich eine neue Art von Klarheit, die sich ohne Vorankündigung einstellte und dann wieder verging. Diese Klarheit erfuhr ich sonst nie, bis ich mit dem Zen begann.

Das Wort ZEN fand ich schon immer interessant. Es ist kurz und prägnant und besteht nur aus geraden Strichen. Es sieht aus wie ein Wort, das gerade um die Ecke biegt. Und genau das haben viele Menschen getan, die sich mit Zen üben. Und dann stellt man fest, dass sich auch die Ecke biegt und sich zugleich mit allen anderen Dingen verändert.

Zen ist das japanische Wort für „Meditation". Man versteht darunter zunächst das stille Sitzen in einer formellen Haltung, aber man kann es auch auf die normalen Verrichtungen des Alltags anwenden.

Viele meinen zwar, die intensive Beschäftigung mit Zen sei Mönchen und Einsiedlern vorbehalten und kreise um geheimnisvolle Lehren, aber das ist nur eine Seite. Die meisten, die heute Zen praktizieren, gehen gleichzeitig ihrem Beruf nach, besuchen die Schule, haben Familien, waschen Autos oder gehen einkaufen. Die alten Lehrer sagten: „Sitzen ist Zen. Gehen ist auch Zen." Man vertieft sich ins Zen, um das, was man gelernt und erfahren hat, in alle Dimensionen seines Lebens hineinzutragen. Ist die Meditation schließlich in alle Aspekte des eigenen Lebens integriert, so wird sie unsichtbar. Aber das eigene Leben ist dann dauerhaft bereichert.

Viele Menschen meinen, sie könnten sich erst dann entspannen und Ihr Zuhause genießen, wenn das Essen vorbei, das Geschirr gespült, der Boden gekehrt und etliche andere Arbeiten verrichtet sind. Sie meinen, die Schinderei sei der Preis dafür, anschließend genießen zu dürfen. Aber das muss nicht so sein. Bereits die Haushaltsarbeiten kann man entspannt und mit Genuss verrichten. Es ist nämlich sehr beruhigend, wenn man eine bestimmte Bewegung ständig wiederholt, etwa elegant einen Besen hin und her schwingt oder in meditativen Kreisbewegungen Teller abtrocknet.

Der Zweck des Zen-Übens besteht nicht darin, irgendwann in der Zukunft irgendeine wunderbare außergewöhnliche Erfahrung zu machen, sondern jeden einzelnen Augenblick des Lebens als einmalig und außergewöhnlich wahrzunehmen und zu erkennen, dass jeder sowohl ganz normal wie auch höchst wunderbar ist. Man lernt, dass es wichtig ist, sorgfältig auf die kleinen Einzelheiten des Lebens zu achten. Wenn man mit dieser Achtsamkeit sein Auto wartet, ist das sowohl für das Auto als auch für einen selbst besser, als wenn man es nachlässig tut. Widmet man sich mit Hingabe einem tropfenden Wasserhahn, so hilft das dem Wasserhahn, dem Spülbecken, der Wasserleitung und einem selbst. Wenn man seine Aufmerksamkeit und Sorge ganz einem anderen Wesen oder Gegenstand zuwendet, nimmt auch das eigene Leben langsam eine andere Gestalt an und erhält mehr Sinn. Das eigene Zeitverständnis verändert sich, man verrichtet alles weniger hastig. Und wenn man etwas langsamer tut, fängt man auch an, sich selbst ein wenig besser zu verstehen.

Musiker wissen, dass die langsamen und einfachen Stücke oft am schwierigsten zu spielen sind. Fehler lassen sich weniger vertuschen und die Zuhörer können nicht mit grandioser Technik geblendet werden. Jede Note ist anspruchsvoll und bedeutsam. Die Kreativität, die Meisterschaft und die Geschicklichkeit eines Musikers zeigen sich am deutlichsten, wenn er eine romantische Ballade, ein zartes Wiegenlied oder eine empfindsame Pavane spielt. Auf ganz ähnliche Weise steckt in den einfachen Verrichtungen des Alltags das Potenzial, uns besonders viel über uns selbst zu offenbaren.

Die Sitzmeditation, auf Japanisch *zazen*, ist zwar der Grundpfeiler, um sich ins Zen zu vertiefen. Doch geht es auch darum, sorgfältig auf alle anderen Einzelheiten unseres Lebens zu achten; beim Zubereiten von Broten, beim Gang zur Bank oder beim Erneuern der Seife im Bad. Diese Alltagsbeschäftigungen, diese Pflege unserer Umgebung – und jede Alltagsarbeit, die ihr dient – gehören als fester Bestandteil zur Zen-Übung. Im 8. Jahrhundert führte in China Meister Pai Chang (auf Japanisch Huakujo) die Übung intensiver täglicher Arbeit als Element in seine Unterweisung ein. Er wollte weder verträumte Philosophen noch Menschen, die sich von den Mühen der Welt draußen abwenden. Die Mönche, die bei ihm lernten, begriffen: Das Verstehen wurzelt in den Geschehnissen des Alltags, das praktische Tun ist ein Schlüssel zur Gelassenheit und die Weisheit steckt im Normalen.

Meister Eihei Dogen, von dem es heißt, er habe das Soto Zen im 13. Jahrhundert in Japan eingeführt, zitierte oft die Worte eines früheren Lehrers: „Der den Weg suchende Geist widmet sich mit hochgekrempelten Ärmeln der Arbeit." Dogen wies damit darauf hin, dass man bei der Arbeit mit seinen vielen Facetten vertraut werden kann und sich diese Vertrautheit auf alle anderen Lebensbereiche ausweitet. So betonte er neben der Sitzmeditation die Gestaltung des Alltagslebens, die Arbeit, die Freizeit und das persönliche Verhalten.

An einem ganz der Übung vorbehaltenen Ort wie etwa einem Kloster oder einem Zen-Zentrum zu leben, kann sehr wertvoll und lohnend sein. Doch viele Menschen können es einfach nicht oder sie entscheiden sich nicht dafür. Vielleicht wohnt man weit weg vom nächsten Zentrum, ist anderweitig gebunden oder in Verantwortlichkeiten festgehalten, die es nicht zulassen, dass man an Kursen teilnimmt oder sich mit anderen Schülern trifft. Oder vielleicht hat man auch gar kein Interesse daran, sich ins Studium des Zen zu vertiefen, sondern sucht lediglich nach einfachen Wegen, mit den Problemen oder Komplikationen seines Lebens fertig zu werden. Vielleicht sucht man ein bisschen mehr Sinn oder Freiheit innerhalb der Grenzen, die einem damit gesetzt sind, dass man für eine Familie zu sorgen hat, im Beruf vorwärts kommen oder studieren muss.

Zum Glück ist es nicht notwendig, an einem besonderen Ort zu sein, wenn man sich ins Zen vertiefen will. Die eigene Wohnung reicht. Zen ist überall: Es ist direkt unter Ihren Füßen; es ist direkt vor Ihrem Gesicht. Sie brauchen sich nicht den Kopf rasieren zu lassen und müssen nicht exotische Gedanken spinnen. Sie müssen sich keine speziellen Geräte oder Ausstattungsgegenstände kaufen. Zen verwendet, was immer gerade da ist. Es setzt nicht nur Gewänder, Meditationskissen, Weihrauch und Matten ein, sondern auch Putzlappen, Eimer, Besen, Schwämme und Schmirgelpapier. Es liegt im Suppentopf und steht auf dem Radiogerät. Es ist die Handlung, Ihre Schuhe aufzuheben und sie nebeneinander zu stellen. Es ist das Öffnen eines Glases oder das Schreiben einer Überweisung für die Wasserrechnung.

Shunryu Suzuki Roshi sagte zu seinen Schülern: „Wenn Sie sich in den Buddhismus vertiefen wollen, sollten Sie in Ihrem Geist Großputz halten. Sie müssen Ihr Zimmer völlig ausräumen und es gründlich reinigen. Wenn notwendig, können Sie dann alles wieder hineinstellen. Vielleicht wollen Sie dann gar nicht mehr so viele Dinge. Am besten tragen Sie deshalb eines ums andere hinein. Wenn Sie dann beim einen oder anderen merken, dass es unnötig ist, so lassen Sie es ruhig draußen."

In der Zen-Literatur ist an allen Ecken und Enden vom Hausputz die Rede. Es gibt Geschichten von Priestern, Mönchen, Nonnen und Laien, die Staub wischen, fegen, bohnern, polieren und reparieren. Sie pflegen ihre Fenster, ihre Türen, ihre Gewänder und sich selbst. Sie gießen Wasser aus oder schenken es ein, lesen Briefe und überlegen genau, wie viel Reis sie zum Kochen des Mittagessens brauchen. Alle diese Tätigkeiten spielen sich nicht irgendwo jenseits des Lebens ab, sondern mitten darin. Die Komplikationen und Ansprüche des Lebens nehmen kein Ende. Sie sind der Rahmen, in dem das Leben gewoben wird. Und jeder einzelne Faden hat Einfluss auf die Qualität des Lebens.

Haben Sie schon einmal Kinder beobachtet, die völlig im Spielen oder einer handwerklichen Tätigkeit aufgingen? Haben Sie schon einmal gestaunt, wie vollkommen sie darin versanken? Von Kindern können wir alle etwas lernen, weil sie „alles Einzelne so tun, als täten sie nichts anderes." Der Zen-Meister Unmon aus dem 10. Jahrhundert sagte: „Wenn du gehst, dann geh! Und wenn du sitzt, dann sitz! Aber wichtiger als alles ist, dass du nicht schwankst!"

Wenn man sich einer Tätigkeit ungeteilt widmet, so wird man mit ihr eins und begegnet unterwegs sich selbst. Im Zen spricht man davon, dass man sich entweder von sich werfen oder vollkommen an ein Tun hingeben oder alle vorgefassten Begriffe „loslassen" soll. In diesem Loslassen kann erst das Ungewöhnliche passieren. Das kann eine Wahrnehmung sein, die alles weit übersteigt, was Sie bislang erfahren haben. Oder es ist ein kurzer Augenblick ungemein gesteigerten Empfindens: Das einfache Tun, einen Schrank zu öffnen, kann jäh zur intensiven Erfahrung werden und ganz neue Perspektiven aufreißen.

In allem, was uns umgibt, steckt ungeheuer viel Schönheit, aber um sie zu entdecken, müssen wir damit beginnen, mit beiden Füßen fest auf dem Boden zu stehen und jede kleinste Einzelheit ganz genau anzuschauen. Wir müssen dazu keiner Lehrmeinung folgen und brauchen keine Ausrüstung zu kaufen. Wir haben bereits alles, was wir dafür brauchen. Dogen sagte: „Wenn du deinen Ort in den Dingen findest, kann dein wahres Üben beginnen." Für die meisten Menschen und die meiste Zeit ist dieser Ort die eigene Wohnung.

In diesem Buch werden Alltagstätigkeiten gründlicher betrachtet. Dabei geht es immer wieder darum, zu zeigen, wie die Zen-Übung sich auf die kleinen alltäglichen Pflichten auswirken kann, die man meistens eher als lästig empfindet: auf den Hausputz in allen seinen Spielarten, die Essenszubereitung und Ähnliches. Ich will Sie anregen, eine ganz neue Art von Beziehung zu Ihrer Wohnung zu finden: zu ihrer Atmosphäre, ihrer Ausstattung und ihren Bewohnern. Dabei erfahren Sie auch einiges über die Geschichte des Zen und darüber, was es heißt, in der Welt von heute Zen zu üben. In den Schlusskapiteln dieses Buches soll dann noch bedacht werden, was Sie in Ihrer Wohnung oder an Ihrem Arbeitsplatz tun können, wenn Sie keinen Zugang zu Zen-Meistern oder einer Gemeinschaft von Praktizierenden haben. Ich möchte Sie dazu anleiten, die Meditation (allein oder mit Freunden oder in der Familie) zu vertiefen. Außerdem wollen wir genauer zusehen, wie sich Anpassung, Perfektionismus und andere Verhaltensweisen auf unsere Alltagstätigkeiten auswirken.

Es ist ganz gleich, ob Sie in einer Wohnung, einem einzigen Zimmer oder in einem palastartigen Anwesen wohnen: Überall gibt es Möglichkeiten zu lernen. Ich hoffe, Sie finden hier etwas für Sie Wertvolles. Im bescheidensten Fall würden immerhin unsere Wohnungen sauber wie nie. Oder wir werden wenigstens einigen unerwünschten Staub los. Krempeln wir also die Ärmel hoch und packen wir's gemeinsam an!

ERSTER TEIL
Erkundungsausflüge im Haushalt

Roll' deinen abgewetzten Teppich auf.
    Er erzählt dir
        tausend Geschichten.

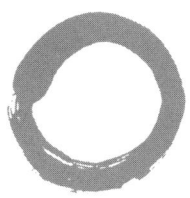

Der Schritt über die Schwelle

Früher schützten die Menschen ihre Wohnstätten mit Symbolen: mit Blumengirlanden an den Eingängen, mit Mistel- oder Kiefernzweigen an den Türstürzen, oder sie rieben die Türpfosten mit Knoblauch oder anderen wirkkräftigen Kräutermischungen ein. Der noch heute übliche Brauch, dass der Bräutigam seine Braut über die Schwelle ihres gemeinsamen Heims trägt, hat seine Wurzeln in der alten Ackerbaukultur. Im Englischen geht das Wort für Schwelle (treshold) auf das Dreschen zurück, die Trennung von Spreu und Korn. Schwelle bedeutet aber auch eine Grenze, im übertragenen Sinne auch einen neuen Abschnitt im Leben.

Kommentare über Tore und Türen sind uns aus allen Zeiten des Zen überliefert. Immer wieder fanden es die Lehrer inspirierend, die Aufmerksamkeit ihrer Schüler auf diese Eingangsstellen hinzuweisen. So kommen in der Zen-Literatur alle nur erdenklichen Typen von Türen vor, von massiven hölzernen Absperrungen bis zu den berühmten

„torlosen" Toren. Die Schüler lernten von Beginn an, dass Türen und Tore nicht nur dazu da sind, dass man sie durchschreitet, sondern auch, dass man sie bewusst sieht und über sie ins Nachdenken kommt. Bei der Zen-Übung kann jeder Gegenstand und jede Idee zur Tür werden. Und hinter jeder Tür wartet ein Buddha auf seine Entdeckung.

Doch wenden wir uns den naheliegendsten Türen zu: denen der eigenen Wohnung. Sie sind anspruchslos und bedürfen gewöhnlich nicht großer Wartung oder Erwägung. Sie bewegen sich gern möglichst frei, weshalb es ratsam ist, sie nicht allzu sehr mit Möbeln und anderen Gegenständen zu verstellen. Wenn es unbedingt sein muss, können Sie der Bewegungsfreude von Türen mit einem Türstopper Grenzen setzen. Das schützt sowohl die Türen selbst wie auch die angrenzenden Wände oder Möbel. Türen sind nur ausnahmsweise vorlaut. Wenn Sie ihnen gelegentlich ein paar Tropfen Öl zukommen lassen, machen sie nicht durch Quietschen aufdringlich auf sich aufmerksam, sondern bleiben still. Nur selten müssen die verblichene Farbe oder der Lack einer Tür erneuert oder die Scharniere und Angeln etwas zurechtgeklopft werden. Aber wenn man bedenkt, dass Türen ständig im Einsatz sind, sind sie der Inbegriff der Anspruchslosigkeit.

Türen sind keine für Hindernisse auf dem Weg zu dem, was sie dahinter erreichen wollen. Öffnen Sie alle Türen immer erwartungsvoll; schließen Sie sie sorgfältig. Aus dem unscheinbaren Akt, durch eine Tür hineinzugehen oder aus einer Tür herauszukommen, können Sie eine wichtige Absichtserklärung machen: Sie können jedes Mal bewusst entscheiden, ob Sie etwas Größeres betreten wollen, als Sie selbst sind, oder ob Sie sich außerhalb eines solchen Raumes begeben wollen. Oder Sie können beim Herausgehen an das denken, was Sie hinter sich lassen, oder beim Hineingehen an das Neue, das Sie darin erwartet.

In den Zen-Übungshallen gibt es genaue Regeln für das Öffnen und Schließen der *zendo*-Türen und für das Hereinkommen und Hinausgehen. Diese Regeln wirken befreiend. Eines der Paradoxa beim Zen-Üben ist, dass man durch das strenge Einhalten von Regeln erst Freiheit gewinnt.

Türen sind mehr als Holz oder Metall, mehr als Scharniere, Angeln, Drehvorrichtungen, Verschlüsse. Es sind Stellen, die zu Wendepunkten werden können – entweder man durchschreitet sie oder sie versperren den Weg. Sie helfen die eigenen Grenzen und Schwellen entdecken. Es braucht nicht viel, um eine Tür für verschlossen zu erklären. Wenn etwa am Klo ein Schloss fehlt oder defekt ist, kann schon leichtes Hüsteln, ein Pfiff oder leises Singen die Tür versperren. Bei anderen Gelegenheiten muss man vielleicht deutlicher werden. Der an sich sehr gesellige Schriftsteller Jack London brauchte zeitweise das ungestörte Alleinsein. So hängte er je nach Bedarf ein Schild vor seine Zimmertür: „1. Vor dem Eintreten bitte klopfen. 2. Bitte nicht klopfen."

Wenn Sie in Ihrer Wohnung einen Raum verlassen und in einen andern gehen, dann versuchen Sie einmal, bewusst den Übergang wahrzunehmen. Achten Sie auf die Unterschiede zwischen Bewegung und Stillstehen. Versuchen Sie zu spüren, wie Sie die verschiedenen geschlossenen und offenen Räume empfinden. Erfühlen Sie die Unterschiede zwischen dem Hinein- und dem Herausgehen, falls es solche gibt. Bleiben Sie bei den Gedanken, die zwischen den Orten, in den Durchgängen selbst, auftauchen. Denken Sie an die Menschen, die diese Wege vor Ihnen gegangen sind. Es könnte sein, dass Ihnen die Türen Ihrer Wohnung zu Pforten des Mitfühlens werden.

Suzuki Roshi sagte, wir sollten möglichst oft genau wie eine Schwingtür frei zwischen den unterschiedlichen Aspekten unseres Lebens hin und her pendeln, völlig losgelöst von allem und zugleich vollständig verbunden mit allem. Das Atmen sei ein Kommen und Gehen durch eine Tür. Durch eine Tür zu schreiten, ist ein Symbol für Ihr tatsächliches Hineinschreiten in Ihr eigenes Leben. Man könnte es mit einem Endlosfilm vergleichen, in dem man immer und immer wieder durch die gleiche Tür hereinkommt. Tatsächlich kommt man ja unablässig durch die Tür des jeweils gegenwärtigen Augenblicks herein. Es gibt kein Zurück. Es gibt keine Hinweisschilder auf Ausgänge. Es gibt nur das unablässig „Hineingehen" in dieses ewige JETZT!

Der spirituelle Meister Besen

Zuhause den Boden zu kehren, ist etwas vom Einfachsten, was sich tun lässt. Kompliziert wird das Verfahren erst, wenn sich in dieses einfache Tun das „Denken" hineinmischt. Sobald man sich nämlich seiner Handlungen zu deutlich bewusst wird und zu sehr auf sie achtet, kann man spüren, wie eine Art „nervöser" negativer Energie ins Spiel kommt. Von der Wirklichkeit kann man sich durch zu vieles Denken genauso abkoppeln wie dadurch, dass man geistig abwesend ist oder sich überhaupt nicht konzentriert. Gibt man sich allzu viel Mühe, ein Musikstück genial zu spielen, dann stolpert man über die Noten und es wird nichts Rechtes. Sogar das Fegen des Fußbodens kann lästig und ineffektiv werden, wenn man es allzu gewissenhaft betreibt.

Fische wissen nicht, dass sie im Wasser sind, und Vögel „denken" nicht an die Luft. Kühe und Heuschrecken genießen ihre ureigenen Elemente, ohne darüber nachzudenken. Wenn Sie Ihr ureigenes Element finden wollen, so ist es hilfreich, in Berührung mit dem Ort zu bleiben, an dem Sie jetzt sind und mit der Tätigkeit, der Sie sich jetzt widmen. Versuchen Sie, sich von Ihren Gedanken nicht anderswohin entführen zu lassen. Holen Sie sich immer wieder zu sich selbst zurück.

Die sich ständig wiederholenden Bewegungen mit dem Besen können eine gute Methode dafür abgeben, sich in dieses ständige Zurückkommen einzuüben. (Wenn man einen Staubsauger verwendet, kann man damit natürlich spektakulärere Ergebnisse erzielen; aber wir suchen hier ja nichts Spektakuläres.) Versuchen Sie, einfach nichts anders zu tun als zu kehren, geräuschlos, vergangenheits- und zukunftslos, ohne Vorbedacht, ohne Krampf, ohne Ziel. Schwingen Sie einfach den Besen. Wenn Sie ungeteilt dabei sind, können Sie Ihr Bestes geben. Wer auf diese Weise kehrt, entwickelt eher Achtsamkeit als bloße Absicht. Sie schauen zu, wie Ihr Besen wandert. Er streicht über die unzähligen Hinterlassenschaften, Spuren, Anzeichen und winzigen Hinweise darauf, dass rings um Sie alles voller Leben ist. Sie entdecken Staub, Flocken und Krümel, und vielleicht sogar Milben und Spinnen. Ihr Besen schiebt und dirigiert alles vor sich her. Sein Weg bestimmt den Weg all dessen, was ihm in die Quere kommt. Es dauert vielleicht gar nicht lange, und Sie vergessen sich selbst in dieser sanften, schaukelnden Kehrbewegung.

Wenn Sie wirklich lebendig sind, können Sie sich mit ungeteiltem Herzen auf eine bestimmte Aufgabe konzentrieren, ohne dabei den Rest der Welt zu vergessen. Sie können immer noch hellwach die tickende Uhr, das Telefon, das Geräusch der Regentropfen auf dem Dach, den Duft frisch gebackenen Brotes wahrnehmen. Sie sehen, was vor Ihren Augen liegt und hören, was Ihren Ohren zugetragen wird. Das heißt also: Wenn Sie in Ihrem Inneren entspannt sind, gestatten Sie mehr Dingen den Eintritt in Ihr Leben, als wenn Sie angespannt sind.

Die Größe der zu fegenden Fläche setzt der Intensität keinerlei Grenzen. Und die Qualität wird nur von Ihrem Herzen und Ihrem Handeln bestimmt.

Das Fegen kann wie alles andere im Leben auf vielerlei verschiedene Weisen verrichtet werden. Beobachten Sie den Mann auf dem Scheunendach, der eine unebene Fläche kehrt. Oder das Kleinkind, das mit einem zweimal so großen Besen wie es selbst eifrig versucht, den Küchenboden zu fegen. Oder die lächelnde Ladenbesitzerin, die die Betonfläche vor ihrem Geschäft kehrt.

In dieser universalen Verrichtung des Kehrens steckt etwas Vertrautes und Zeitloses. Wenn man nur daran denkt, meint man schon den Besenstiel zu spüren. Man hört das Geräusch des Kehrens. Dieses Geräusch – verursacht vom Reiben des Reisigs über den flachen Boden – erinnert mich an Jazz: Schuschtapp! Schuschtapp! Schuschtapp! Es ist wie die feste Kadenz, die jedem Song zugrunde liegt und ihn charakteristisch macht. Die Dinge fangen an, sich von selbst durch die Gegend zu bewegen. Nach dem Kehren vernehmen Sie neue Geräusche: das leise Scheppern des Kehrblechs und den dumpfen Aufprall des hölzernen Besenstiels, wenn Sie ihn an die Wand lehnen.

Wenn Sie das nächste Mal den Boden kehren, so versuchen Sie, sich selbst mit Bedacht zu bewegen. Spüren Sie, wie der Boden unter Ihren Füßen Sie trägt und die Decke über Ihrem Kopf Sie schützt. Versuchen Sie, die Unterschiede zwischen den Räumen zu spüren und nehmen Sie bewusst wahr, wie Sie in jedem Bereich und jeder Umgebung sich etwas anders bewegen. Achten Sie auf die unterschiedlichen Lichtverhältnisse und auf das Wechselspiel der Schatten. Und erspüren Sie die Zerbrechlichkeit und zugleich Stärke Ihres Körpers, während er seiner Alltagsarbeit nachgeht.

Es gibt Zeiten im Leben, in denen wir hungrig sind, Kopfschmerzen haben, unter Fieber und Frösteln, Kreislaufbeschwerden, Zerstreuungen und Durcheinander, schmerzhaften Verlusten, heftigen Ausschweifungen und schlimmen Zweifeln leiden. Trotzdem fegen wir immer wieder. Wir tun alles, was getan werden muss. Wir werden eins mit der Aktivität. Auf diese Weise wird die Alltagsarbeit zu einer Art Teamarbeit. Wenn wir mit ganzem Herzen arbeiten, wer ist da nicht bei uns? Wer hilft uns nicht? Wer unterstützt uns nicht bei jeder Geste und jedem Atemzug?

Mit einem Besen hin und her über eine Treppenstufe oder den Küchenboden zu streichen ist eine unkomplizierte Aktivität. Und doch kann sie die Anmut, Intensität und Leichtigkeit einer unvergänglichen Choreographie enthalten. Der Besen ist unsere Verbindung zum Boden. Er verlängert die tastende Hand. Er entspricht dem Wanderstab des Mönchs, dem Eispickel des Bergsteigers oder der Hippe des Schafhirten. Er hilft uns, das Gelände zu erkunden. Mit dem Besen fegen wir den Staub von unseren Böden, langen in finstere Ecken, angeln Gegenstände unter dem Bett vor, sammeln Spinnweben ab, stoßen Türen auf und säubern Gehsteige. Der Besen ist eines unserer elementarsten Reinigungsgeräte, geradezu das Symbol der Einfachheit und Geduld.

Wie und weshalb Sie kehren, kann Ihnen viel über Ihren Charakter offenbaren. Sind Ihre Bewegungen großzügig und offen? Oder knapp und eng bemessen? Gebrauchen Sie Ihren Besen wie einen Besen oder eher wie eine Schneeschaufel oder das Paddel eines Kanus? Kehren Sie „um die Sachen herum" oder auch unter und hinter ihnen? Widmen Sie Ihre gesamte Aufmerksamkeit Ihrem Besen, oder schweifen und irren Ihre Gedanken umher? Fegen Sie, weil Sie der Anblick des staubigen Bodens stört oder weil Gäste zum Essen kommen und sie nicht den Eindruck haben sollen, Sie seien ziemlich schlampig?

Ganz gleich, wie oder warum Sie fegen, Sie können in diese einmalige Erfahrung Aufrichtigkeit, Kunstfertigkeit und Freude hineinbringen. Wenn Sie den Boden oder das Treppenhaus oder den Gehsteig kehren, können Sie Ihr Bestes geben.

Dabei kommt es nicht darauf an, die Welt in ein makellos staubfreies Gelände zu verwandeln; wichtig ist, mit dem Herzen dabei zu sein. Sofern Sie Freude am Fegen haben, können Sie einen fröhlichen Tanz daraus machen, wenn Sie ganz knapp vor Ihren Füßen fegen. Sie können Ihren Spaß daran haben, sich im Kreis zu drehen, wenn Sie mit dem Besen den Bereich hinter sich erfassen.

Zwischen einem nagelneuen Besen und einem älteren besteht ein gewaltiger Unterschied. Benützt man einen Besen immer und immer wieder, so kommt im Lauf der Zeit sein Charakter ans Licht.

Wenn Sie den Besen sowohl von links nach rechts als auch von rechts nach links führen, gleitet er gleichmäßiger über den Boden. Dabei können Sie spüren, wie Sie selbst zwei verschiedene Seiten haben. Vielleicht empfinden Sie zuerst ein bisschen Widerwillen, wenn Sie den Besen in die Gegenrichtung führen, genau wie es immer ein bisschen mit Unlust verbunden ist, wenn man bestimmte Dinge gelegentlich einmal anders herum sieht. Versuchen Sie, ein wenig anders hinzustehen oder den Besen etwas anders zu halten und beobachten Sie, wie das auf Sie wirkt. Fangen Sie an, genauer auf die Kanten und Ecken des Bodens zu achten. Denken Sie angesichts der Schattenbereiche, in die Sie Ihren Besen führen, auch an die Schattenzonen in Ihnen selbst.

Der Besen hilft, Standfestigkeit zu gewinnen. Er verankert uns mitten in der Bewegung. Er hilft, sich in Zeit und Raum zu orientieren; er bringt uns bei, die leisen Lehren sich ständig wiederholender Tätigkeiten wahrzunehmen. Konzentrieren wir uns auf das Kehren, und der Boden und das Treppenhaus werden sich um sich selbst kümmern. Stellen Sie sich vor: Womöglich wird Ihnen diese bislang lästige Haushaltsarbeit sogar zum Genuss. Womöglich fangen Sie dann, wenn Sie mit dem Kehren des Bodens fertig sind, damit an, Schatten zu kehren oder das Mondlicht abzustauben. Oder Sie versuchen sogar, ganz ohne Besen zu kehren. Aber das klingt nun fast schon zu kopflastig, zu zen-mäßig. Nicht dass wir darüber am Ende unsere Besen vernachlässigt in der Ecke stehen lassen!

Die Tätigkeit des Fegens vereint uns mit unseren Vorfahren und mit den Menschen auf der ganzen Welt. Angefangen von der Zeit der Höhlenbewohner bis heute haben die Menschen Büschel aus Stroh oder Gras benutzt, um damit die platten Oberflächen ihres Lebens zu kehren. In vielen Teilen der Welt sind trotzdem immer noch schmutzige Böden und Gehsteige die Regel. Der Besen wird in der Hand des oder der Erfahrenen zum vielseitigen Nutzwerkzeug. Aber so sorgfältig Sie auch kehren mögen, immer werden Sie noch eine letzte winzige Staublinie finden, die sich gegen die Kehrschaufel sperrt, oder einen Faden, der am Holzboden hängen bleibt. Immer werden Sie daran erinnert, dass längst noch nicht alles getan ist. Es gibt keine Möglichkeit, ganz am Punkt „fertig" anzukommen. Zur Vollkommenheit führt keine Straße. Irgendein winziges Atom des Lebens schwirrt immer gerade dazwischen, irgendein Staubkörnchen, das Sie wieder zur Achtsamkeit, zu Ihrem eigenen Leben zurückbringt.

Staub wischen, ohne noch mehr Staub aufzuwirbeln

Woher kommt dieser ganze Staub und was bedeutet er? Man verreist ein paar Tage, kommt heim und wird von lauter Staub begrüßt. Der Buddha sagte einmal zu seinen Jüngern, alles, was sie sähen, sei nur Staub. Es gibt in den Staub geschriebene Geschichten. Es gibt ganze im Staub versunkene Zivilisationen. Staub ist überall. Er lässt sich ständig und unvermeidlich in unserem Leben nieder, mag es sich um Goldstaub, Sand oder Sägemehl handeln oder um den dünnen Belag, der sich nur allzu gern über das klare Denken zieht.

Unter Staub versteht man feine, trockene Materiepartikel. Er kann ganz aus Bodensedimenten bestehen oder aus einer bunten Mischung feiner Erdpartikel und anderer Materialien wie Holzasche, Auspuffgasen, industriellen Abfallprodukten, Pollen, organischen Resten von Pflanzen oder Tieren und allem nur Erdenklichen, das sich zerbröseln und in die Luft wirbeln lässt. In China enthalten manche Erdoberflächen Ablagerungen von Löss, dem Staub einer bestimmten Bodenart, die der Wind verweht. Sie können die Dicke von bis zu 250 Metern erreichen. Auf die USA, so schätzen die Geologen, gehen pro Jahr ungefähr 43 Millionen Tonnen Staub nieder. Dafür, dass ein Teil dieses Staubs auch in unsere eigene Umgebung gelangt, sind Luftströmungen und Turbulenzen verantwortlich. Faktoren wie Feuchtigkeit und Luftzug entscheiden darüber, wie er sich in unserer Wohnung verteilt.

Staub kommt in einer meiner Lieblingsgeschichten vor, die von einem jungen Zen-Mönch handelt. Dieser Mönch war gerade erst in einen neuen Tempel eingetreten und übertraf beim Putzen mit seiner Energie und Hingabe alle anderen Mönche. Während der Arbeitszeiten fegte er wie ein Wirbelwind durch alle Räume und Gänge, kehrte und polierte alles blitzblank und wischte jedes Staubkörnchen auf, das er erspähte. Eines Tages fragte ihn sein Lehrer: „Was tust du?" Der Mönch strahlte seinen Lehrer mit einem breiten Lächeln an und gab zur Antwort: „Ich gebe mir alle Mühe, den Staub der Täuschung aus der Welt zu schaffen und das darunter verborgene leuchtende Gesicht des Buddha freizulegen." Sein Lehrer entgegnete: „Aber bitte vergiss nicht: Auch der Staub ist der Buddha."

Wenn Sie sich der weltlicheren Haushaltspflicht des Staubwischens widmen, wollen Sie den Staub von Ihren Regalen, Tischplatten, Möbeln und Besitztümern entfernen. Sie wollen ihn loswerden. Aber gelingt Ihnen das je? Ist es tatsächlich möglich, aus Ihrer Wohnung sämtlichen Staub zu entfernen? Wie kann man Staub wischen, ohne noch mehr Staub aufzuwirbeln?

Abstauben bedeutet, sich in Geduld und Gewandtheit zu üben. Sobald Sie mit dem Abstauben beginnen, achten Sie darauf, Dinge so stehen zu lassen, wie sie sind. Falls Sie sich auch nur ein bisschen zu hastig verhalten oder mit dem Kopf nicht bei der Sache sind, ist schon die Blumenvase umgeworfen und zerschellt. Mit einem einzigen falschen Wischer beim Abstauben Ihres Schreibtischs verstreuen Sie Ihre sämtlichen wichtigen Papiere über den Fußboden.

Verwenden Sie die Zeit, in der Sie Staub wischen, dazu, Ihr Tastgefühl zu üben. Wenn Sie die einzelnen Gegenstände mit dem Staubtuch zärtlich berühren, bewusst ihre Formen wahrnehmen und sich daran erinnern, bei welchem Anlass sie in

Ihr Leben kamen, entwickeln Sie das Gefühl enger Vertrautheit mit den Dingen Ihrer Umgebung. Sorgen Sie dafür, dass Sie Ihre volle Aufmerksamkeit genau wie beim Kehren auch den Bereichen widmen, die man hastig übergehen oder völlig links liegen lassen könnte. Es geht nicht darum, über die Dinge hinweg oder um sie herumzugehen, sondern in sie hineinzugehen.

Wichtig ist ferner, sich vor Augen zu halten, dass Staub nichts Unwürdiges, Unwichtiges oder Wertloses ist. Genau wie andere Stoffe ist er das Daseinselement einer Vielzahl von Lebewesen. Schon in einem kleinen Häufchen Staub sind ganze Welten. Zen-Schüler verbeugen sich oft dankbar vor dem Staub der Welt, genau wie sie sich vor hohen Bergen, Flüssen und Wäldern dieser Erde in Ehrfurcht verneigen.

Nach einer intensiven Wohnungsreinigung scheint der Staub verschwunden zu sein. Aber der Schein trügt; er ist nur anders verteilt. Etliches davon wandert im Müllbeutel hinaus oder fliegt beim Ausschütteln des Lappens mit dem Wind davon, jedoch nur um an den Sohlen unserer Schuhe oder in einem Luftstoß wieder hereinzukommen. Auf irgendeinem Weg findet der Staub immer wieder in unser Leben zurück. Er wartet auf uns, damit wir ihn an anderen Orten wiederfinden. Er weiß, dass er unverzichtbar ist. Das alles hat durchaus eine eigene Art Schönheit. Wir stauben ab. Und der Staub findet den Weg zu uns zurück. Dann stauben wir wieder ab. Auf diese Weise kommt das Kehren und Abstauben in unserem Leben nie an ein Ende. Dieses Fortgehen und Wiederkommen gleicht unserem Atmen. Es gleicht auch dem ständigen Wiederkehren unserer Gedanken und Gefühle, namentlich derjenigen, die uns immer wieder kommen, um uns zu trösten und durch all die Jahre hindurchzutragen. Der Staub ist in besonderer Weise mit der Welt vertraut. Er bleibt ihr treu. So hinfällig und vergänglich er scheinen mag, er liefert uns ein ständiges und eindrucksvolles Lehrstück darüber, wie die Welt beschaffen ist.

Form und Leere: Raum und Besitz

Die meisten Kinder sind fasziniert von Geheimnissen. Vielleicht erinnern Sie sich noch, wie aufregend es als Kind war, etwas zu wissen, was andere nicht wussten. Kinder sind deshalb von Zaubertricks begeistert. Kindern macht es Spaß, Dinge zu verändern und verschwinden zu lassen und die Zuschauer mit solchen Tricks zum Staunen zu bringen. Später lernen wir zahlreiche Möglichkeiten, uns selbst anzuschauen und zu verändern. Wir experimentieren mit dem Erzählen von Mythen und Geschichten und entwickeln langsam unser eigenes Gespür dafür, was nützlich und was wirklich ist. Ich entsinne mich, dass ich mich als Kind auf den Fußboden im Wohnzimmer legte, zur Decke schaute und mir vorstellte, unser Haus stünde auf dem Kopf. Dann könnte ich über die Decke gehen und hätte viel mehr Raum zum Spielen. Alle Möbel würden über mir hängen und wären aus dem Weg. Und wenn ich durch eine Tür gehen wollte, müsste ich einen Anlauf nehmen und über hüfthohe Mäuerchen springen. Schon damals machte es mir Spaß, neue Möglichkeiten auszudenken, mit Dingen umzugehen und die Welt mit ganz anderen Augen anzuschauen.

Aber selbst unsere Phantasie hat Grenzen. Es gibt im Leben Bereiche und Gegenstände, die unserer Sicht entzogen bleiben. Zen-Meister Dogen sagte, überall versteckten sich Berge, selbst im Verborgenen. Sie werden immer wieder feststellen, dass es Dinge gibt, die Ihnen Ihr Leben lang verborgen bleiben. Wenn Sie aber versuchen, wenigstens einige der losen Enden aufzugreifen, fangen Sie an, etliche dieser verborgenen Dinge zu orten. Das Unzusammenhängende in Ihrem Leben fügt sich dann wenigstens hie und da ein wenig zusammen.

Nehmen wir an, Sie hatten jemanden zum Abendessen eingeladen und es dann fast vergessen. Es fällt Ihnen erst kurz vorher siedend heiß wieder ein. In den letzten paar verbleibenden Minuten wirbeln Sie herum, bringen die Wohnung notdürftig in Ordnung und richten alles so her, dass es einigermaßen sauber und nett aussieht. Es ist fast, als wollten Sie alles schnell verzaubern. Sie schaffen eine Illusion, von der Sie sich wünschen, sie wäre wahr. Sie haben nicht mehr die Zeit, alles wirklich richtig sauber zu machen, und so richten Sie hastig das Auffallendste her und konzentrieren sich auf den Gesamteindruck, statt Ihre Zeit damit zu verschwenden, sich um Dinge zu kümmern, die die Leute sowieso nicht sehen. Da die Zeit knapp ist, ist es verständlich, dass Sie umherhetzen und zerstreut sind.

Nun gibt es aber viele andere und recht verschiedene Stellen in unserer Wohnung, denen wir auch in ruhigen Zeiten immer zu wenig Aufmerksamkeit widmen. Dazu gehören etwa die unterste Schreibtischschublade oder das oberste Regal eines Schranks. Es gibt sogar Teile unserer selbst, die wir immer wieder möglichst rasch ganz vergessen. Einer meiner Zen-Lehrer sprach einmal vom „Hund im Keller". Dieses ziemlich wilde und unbändige Geschöpf ist der Teil unseres Charakters, den wir lieber unter Verschluss und außer Sicht von anderen halten. Wir verbannen ihn in irgendeinen dunklen Winkel unseres Hauses und hoffen, dass er sich nie losreißt. Schließlich sind negative Dinge laut und peinlich. Und wir wissen nicht, was passieren würde, wenn ausgerechnet dieser Hund ans helle Tageslicht käme.

In uns steckt ein Ordnungssinn, der alles „wild Wuchernde" separat hält. In Ihrem Garten haben Sie wahrscheinlich die sorgfältig angelegten Bereiche mit einem Mäuerchen oder Zaun gegen diejenigen abgegrenzt, die voller Unkraut, wild und unkultiviert sind. In unserem persönlichen Leben ist allerdings das Ziehen so exakter Begrenzungen gar nicht möglich. Sie sind unsichtbar und verändern sich ständig. Da wir immer wieder komplizierte Entscheidungen treffen müssen, versuchen die meisten zwar, alles im Griff zu behalten. Doch es ist sehr anstrengend, alle Umstände kontrollieren zu wollen und es kann zur unerschöpflichen Quelle von Frustrationen und Unglücklichsein werden. Anscheinend wollen sich manche Dinge partout nicht unter Kontrolle bringen lassen oder sie bleiben sogar ganz verborgen. Sie verfolgen hartnäckig ihren eigenen, unberechenbaren Kurs.

Wenn man lernt, dass man gleichzeitig auf sich selbst und auf andere Dinge vertrauen kann, ist das eine große Erleichterung. In Wirklichkeit gibt es keinen Unterschied zwischen uns und dem, was wir für das „andere" halten. Wenn sich unser Bewusstsein auf die gleiche Welle mit einem anderen Gegenstand schwingt, können wir darauf verzichten, alles fest im Griff zu behalten; wir öffnen uns seiner Schwingung, sie erfasst uns und wir erlangen eine neue Art von Mitempfinden. Dann beginnen die Dinge sich von allein zu kontrollieren, ohne dass wir eingreifen müssten.

Die Geschichte des buddhistischen Begriffs sangha ist ein gutes Beispiel dafür, wie Menschen es immer besser lernten, eine ganzheitlichere Sicht der Wirklichkeit zu gewinnen. Ursprünglich bezeichnete man mit sangha alle Mitmenschen, mit denen man sich gemeinsam in Theorie und Praxis des Buddhismus vertiefte, ähnlich wie in einer großen Familie. Später weitete man den Begriff aus und schloss darin alle Lebewesen ein. Und noch später in der Entwicklung des Buddhismus gibt es die Auffassung, man solle damit ausnahmslos alle Dinge bezeichnen, Lebewesen oder nicht. In dieser Sicht sind auch Steine und das Sonnenlicht, die Meere und die Teekannen Teil der Familie des Lebens. So erhielt schließlich ausnahmslos alles das Anrecht auf offizielle Mitgliedschaft und Anerkennung im sangha. Am Ende kamen dann noch die ganz Radikalen, diejenigen, die verlangten, Grenzen oder Einschränkungen sollte es grundsätzlich überhaupt nicht geben. Sie behaupteten, man müsse restlos alles in den sangha mit einbeziehen, nicht Existierendes genauso wie Existierendes!

Wenn man das zunächst hört, mag es einem albern vorkommen. Aber muss etwas tatsächlich immer wirklich existieren, damit wir uns um es kümmern? Richten wir das Kinderzimmer nicht schon her, bevor das Kind überhaupt auf die Welt kommt? Oder bewahren wir nicht das Foto eines geliebten Menschen auch dann noch auf, wenn er schon gestorben ist? Beschäftigen uns nicht auch Dinge noch dann, wenn wir sie verloren haben? Da haben wir es also wieder: Man kann seine Begriffe und Definitionen von Grenzen und Umfängen immer noch weiter fassen. Man kann alles in seinem Leben auf sehr unterschiedliche Weisen anschauen. Man kann das Zimmer auf den Kopf stellen; man kann Dinge hervorholen und mit ihnen eins werden.

Wenn Sie versuchen, alles in Ihrer Wohnung fein säuberlich einzurichten, denken Sie immer daran, dass dabei die Geduld und ein guter Schuss Humor Ihre besten Freunde werden könnten. Dem Nachbarn eines Freundes ist einmal etwas Verblüffendes passiert. Er besaß einen Waschbären, der bestens versorgt und in einem großen Käfig lebte, den er eigens für ihn längs einer Wand seines ziemlich großen Apartments hatte einbauen lassen. An einem Wochenende musste er verreisen und ließ das Tier allein, nachdem er ihm so viel Futter und Wasser bereitgestellt hatte, dass es ihm noch für etliche Tage mehr gereicht hätte. Der Waschbär lernte in seiner Abwesenheit eine einfache, aber interessante Regel bezüglich von Menschen gemachter Gegenstände: Die meisten Schrauben lassen sich links herum aufdrehen. Auf diese Weise ließ sich der Verschluss des Käfigs öffnen, und das Gleiche war mit den meisten Griffen und Knöpfen an den Schubladen und Schränken der gesamten Wohnung der Fall. Auch Glühbirnen ließen sich auf diese Weise herausschrauben. Wasserhähne ließen sich auf diese Weise aufdrehen. Der Nachbar meines Freundes besaß eine alte und teure manuelle Schreibmaschine, und der Waschbär drehte geduldig Verbindungsteile und andere Elemente der Maschine heraus und ließ sie auf dem Tisch liegen. Das fleißige Tier beschäftigte sich zwei Tage lang damit, in aller Ruhe die ganze Wohnung seines Besitzers zu zerlegen und brachte lautlos und sehr ordentlich ungefähr das gleiche zustande, wozu es sonst einer heftigen Explosion bedarf.

Der Nachbar hatte seinen Haushalt immer sehr sorgfältig gepflegt und in Ordnung gehalten. Nur ein einziges Element war darin von seinem rechten Platz geraten, und das war der Waschbär.

Samuel Becket hat einmal gesagt, unsere Aufgabe sei es, „eine Form zu finden, die dem Durcheinander entspricht". Das kann eine ziemliche Herausforderung sein! Es ist so leicht, seinen Kram überall liegen zu lassen. Man lässt die Tagespost, das halb volle Glas, den Pulli und den aufgeschraubten Füller „kurz einmal" irgendwo liegen oder stehen. Dann wird man von etwas ganz anderem in Beschlag genommen. Einige Tage danach wundert man sich dann: Was ist eigentlich los? Wo ist denn nur wieder mein Füller? Und warum liegt dieses ganze Zeug hier herum? Wie können scheinbar unbelebte Gegenstände nur dauernd so von einem Zimmer zum andern wandern? Verwirkliche ich in meinem Leben die Chaostheorie?

Suzuki Roshi sagte: „Jedes Ding sollte an seinem richtigen Platz sein, auf die richtige Weise … Wenn man alles auf die richtige Weise zur richtigen Zeit tut, hat man alles gut organisiert. Man ist dann der ‚Boss'. Wenn der Boss schläft, dann schläft alles. Wenn der Boss etwas richtig macht, werden auch alle anderen alles richtig machen und zur richtigen Zeit. Das ist das Geheimnis des Buddhismus."

Hier einige Grundregeln des praktischen Menschenverstands, wenn Sie anfangen, die Sachen in Ihrer Wohnung zu verstauen: Stellen Sie die niedrigeren Gegenstände vor die höheren; Legen Sie die leichteren auf die schwereren. Schützen Sie die zerbrechlicheren vor den benachbarten robusteren, damit diese sie nicht beschädigen. Manches im Leben ist immer stärker gefährdet als anderes.

Verstauen Sie alles mit Sorgfalt. Achten Sie auf den feinen Unterschied, ob Sie etwas versorgen, indem Sie es an einen sicheren Ort verbringen, oder ob Sie es horten oder einsperren. Wenn man etwas nachlässig verstaut oder völlig vergisst, so ist das so, als ob man es im Stich lässt. Selbst wenn Sie etwas für längere Zeit wegpacken, schauen Sie von Zeit zu Zeit danach, erinnern Sie sich, wie Sie zu dem Gegenstand kamen, entsinnen Sie sich, welchen Wert er für Sie hatte und überprüfen Sie seinen Zustand. Machen Sie in regelmäßigen Abständen eine Bestandsaufnahme Ihrer Neuerwerbungen. Legen Sie sie vor sich hin und schauen Sie sie in Ruhe an. Scheuen Sie sich nicht, sich eventuell auch einzugestehen, dass der eine oder andere Erwerb ein Fehler war. Vor allem aber lassen Sie es nie so weit kommen, dass Sie gar nicht mehr genau wissen, was Sie alles haben.

Wird ein Gegenstand so verräumt, dass man ihn überhaupt nicht mehr sieht, so läuft er immer Gefahr, Rost oder Stockflecken anzusetzen oder andere Anzeichen des Verfalls zu bekommen. Die buddhistischen Lehrer haben ihren Schülern immer geraten, alles einfach und in gutem Stand zu halten, scharf und glänzend, allzeit in einem für seinen Verwendungszweck tauglichen Zustand, an einem mit Bedacht gewählten Ort. Ihr Spruch lautet: Hüte dich davor, dass das Behältnis verzierter und komplizierter ist als sein Inhalt.

Meistens hängt es von Ihrer unmittelbaren Umgebung ab, welches der natürliche Platz für einen Gegenstand ist. Die ausdrucksstarke Schönheit eines Arrangements von Steinen oder Blumen oder eines Tontellers lässt sich am besten dadurch hervorheben, dass man es günstig platziert oder für sich allein stehen lässt. Eine riesige Ansammlung von Blumen oder ein mit Keramik vollgestopftes Zimmer nehmen Ihnen die Möglichkeit, auf etwas Einzelnes zu achten und es wirklich zu schätzen. Sie können viel lernen, wenn es Ihnen gelingt, Ihre Aufmerksamkeit auf einen einzigen Gegenstand zu richten. Dichter wie etwa Pablo Neruda wissen dies. Ihre Werke sind die Frucht sorgfältiger Beobachtungen. Sie lassen in ihren Oden die alltäglichsten Haushaltsgegenstände – die Schere, den Löffel, die Zwiebel oder den lose herabhängenden Faden – in einem völlig neuen Licht erscheinen.

Unter dem Vergrößerungsglas wird das Ende einer Zahnbürste zu einem riesigen Borstenwald, die Spitze eines Kugelschreibers zu einer Mondkraterlandschaft. Mit dem, was wir alles aus dem konzentrierten Beobachten lernen können, kommen wir nie an ein Ende. Jedoch sollten wir unser Beobachten auch auf die offenen Räume unseres Lebens ausweiten. Die moderne Teilchenphysik und verschiedene Theorien der Quantenmechanik über dynamische Variable haben viele buddhistische Vorstellungen über die Leere bestätigt. Die Leere existiert (oder genauer eigentlich: sie ist das Nicht-Existieren) in allen Molekülen, Atomen und Strukturteilchen. Alles ist sowohl durch Leere wie durch Struktur miteinander verbunden. Es gibt keine Form ohne Leere, keine Leere ohne

Form. Und doch leben wir nicht im leeren Raum. Wir leben hier in dieser Alltagswelt, in dieser Zeit und in diesem Haushalt. Wir müssen uns mit Wirklichkeiten wie der Ungezähmtheit und Unberechenbarkeit und mit Verlassenem, Verborgenem und Fehlplaziertem auseinander setzen.

Klassische japanische Künstler, die mit ihren Holzschnitten weltberühmt wurden, begannen ihr Werk oft damit, dass sie zunächst die reine Schwärze einer „vollkommenen" Holzplatte druckten. Erst danach fingen sie an, die Oberfläche des Holzes mit dem Schnitzmesser zu bearbeiten und alles herauszuschälen, was dessen „wahren Geist" beeinträchtigte. Auf diese Weise schufen sie ihre Kunstwerke. (Das ist ebenfalls eine Art, sein „Haus" zu leeren und nur noch zu verwenden, was wirklich nötig ist.)

Es heißt, alles habe seinen Platz, aber viele von uns haben einfach zu viele Dinge. Je mehr Dinge Sie haben, desto weniger Zeit bleibt Ihnen, sich auf jedes einzelne einzulassen. Das eine verliert sich dann hinter dem anderen, das eine rückt das andere in den Schatten oder verstellt es vollständig, und wieder andere sind überhaupt nicht mehr zu finden. Dann verlieren die Dinge ihre

Nützlichkeit und werden zu Hindernissen. Sie stolpern über den herumliegenden Schuh oder das zerknüllte Kissen. Verfallen Sie dann aber nicht auf den Vorsatz, künftig immer fanatisch ordentlich zu sein; denken Sie lieber daran, dass Sie nicht „unfair gegenüber Ihrer Umgebung" sein sollten, um mit einer Formulierung von Suzuki Roshi zu sprechen.

Ganz wichtig ist der Geist, den Ihre Wohnung ausstrahlt. Vielleicht ist sie Ihnen als Hort der zahlreichen Gegenstände wichtig, an denen Sie Ihre Freude haben, oder sie ist strenger auf die Funktion als Wohnraum beschränkt. Sie sollte jedoch widerspiegeln, wer Sie sind. Wenn Sie allerdings das Gefühl haben, dass Sie von der Fülle Ihrer eigenen Umgebung erdrückt werden und Ihr Geist von Ihren Besitztümern eher erstickt als inspiriert wird, dann ist es an der Zeit, dass Sie sich alle in Ihre Wohnung hineingestopften, nicht mehr beachteten und längst vergessenen Sachen der Reihe nach vornehmen und sie nüchtern überprüfen.

Räumen Sie alle Gegenstände aus, die Sie nicht mehr brauchen oder haben wollen.

Stiften Sie Ihre alten Bücher und Vasen für den Flohmarkt. Spenden Sie Ihre ausrangierten Kleider für die, die sie nötiger brauchen. Und wenn

Sie irgendetwas zweimal haben, dann geben Sie mindestens das eine davon her. Viele von uns bewahren etwas auf, weil sie meinen, eines Tages würden sie es noch brauchen. Wenn Sie etwas schon lange nicht mehr gebraucht oder sogar schon vergessen hatten, dass Sie es überhaupt noch besaßen, geben Sie es schleunigst weg, lassen Sie es verschwinden. Es ist wie Unkraut jäten. Es schafft wieder den Raum, in dem sich die Dinge entfalten können, mit denen Sie wirklich leben wollen.

Viele Menschen könnten viel besser leben, wenn wir ihnen alles das abgeben würden, was bei unseren eigenen Besitztümern ungenützt oder doppelt lagert. Die „Gelben Seiten" des Telefonbuchs listen eine ganze Menge von lokalen wie internationalen Wohlfahrtseinrichtungen auf, die das, was Sie beisteuern, sinnvoll verteilen können. Wenn man auf diese Weise etwas abgibt, nützt das langfristig allen. Und Sie haben dabei überhaupt nichts zu verlieren.

Dogen wies seine Schüler an, nichts zu besitzen, was sie vor anderen verschließen müssten. Bevor Sie einen neuen Gegenstand in Ihr Leben bringen, fragen Sie sich immer zuerst, wo Sie ihn hinstellen und wie Sie ihn in Ordnung halten werden, und kalkulieren Sie, welchen Aufwand an kostbarer Arbeitszeit Sie leisten müssen, um den betreffenden Gegenstand zu erwerben.

Konzentrieren Sie sich auf die Überlegungen, was Sie alles loslassen könnten, statt darauf, was Sie alles erwerben, ansammeln und besitzen möchten. Schon vor langer Zeit sagte Ralph Waldo Emerson: „Die Gegenstände sitzen im Sattel und reiten auf der Menschheit."

Prüfen Sie sich, ob Sie Dinge aus Liebhaberei erwerben oder weil sie gerade Mode sind oder aus dem ständigen Bedürfnis, vor anderen etwas darzustellen. Wenn die Werbung und die Designer-Labels auf allem und jedem den Wert der betreffenden Gegenstände derart steigern, warum enden dann trotzdem so viele in den Billigmärkten, in den Regalen mit den Sonderangeboten und im Ausverkauf? Und selbst dann können wir kaum widerstehen, rasch zuzugreifen, ob wir etwas brauchen oder nicht, weil es ein „Schnäppchen" ist. Wir müssen nicht opfern, was wir wirklich brauchen, aber es ist wichtig, gründlicher zu prüfen, was wir tun. Versuchen Sie, sich von Werbesprüchen nicht blenden zu lassen. Und lassen Sie sich nicht von plötzli-

chen Impulsen oder Phantasien zu Dummheiten
verführen.

Eine alte Zen-Geschichte erzählt von einem Mönch, der der Täuschung verfiel und meinte,
er müsse unbedingt den Mond besitzen. Als er eines Nachts unterwegs war, sah er den Mond in einer klaren Regenwasserpfütze liegen. Er schöpfte
ihn sorgfältig aus, goss ihn in eine Flasche und
nahm ihn mit sich heim in seine Zelle. Dort setzte
er sich an sein Tischchen und goss das Wasser in
ein anderes Gefäß um. Doch der Mond war nicht
mehr darin.

Man hat oft den Eindruck, die Verkaufs-
strategen versprächen uns den Mond. Überall um-
schwirren uns Werbefritzen und Verkäufer, be-
drängen uns und – schlimmer noch – verführen
uns. Sie sagen uns ständig, wie glücklich wir sein
könnten, würden wir nur dies und jenes in unser
Leben bringen.

Die Zen-Lehrer, angefangen mit Joshu im
8./9. Jahrhundert, haben immer zu bedenken gegeben, dass es beim Glück nicht auf das Auswählen
und Zugreifen ankomme. Wichtiger ist es, dass wir
zu unterscheiden lernen. Dass wir fragen: Was ist
dieser Gegenstand? Was tut er? Hat er einen Wert,

Nutzen oder Zweck für mich? Woher stammt er? Welche Pflanzen oder Tiere wurden geopfert oder ausgebeutet, um ihn herzustellen? Komme ich auch ohne ihn aus? Gibt es jemanden, der ihn dringender braucht?

Wenn Menschen aus weniger begünstigten Ländern ein hoch entwickeltes Land besuchen, verbringen sie Stunden, wenn nicht Tage in unseren Kaufhäusern und Markthallen, nur um sich die endlosen Waren-Regale anzusehen. Die Auswahl ist überwältigend. Für Neuankömmlinge sind unsere Geschäfte wie Museen. Jeder Tante-Emma-Laden bietet eine ungemeine Vielfalt an Gütern.

Der in Frankreich lebende vietnamesische Zen-Lehrer Thich Nhat Hanh ging einmal mit einer Gruppe Kinder in eine große Eisenwarenhandlung des Orts. Vor dem Betreten des Geschäfts sagte er ihnen, das einzige, was sie kaufen würden, sei eine Packung Nägel, die er für einige Reparaturarbeiten brauche. Jedoch erklärte er ihnen, sie dürften sich so viel Zeit lassen, wie sie wollten, um sich alles genau anzuschauen. So verbrachten der Zen-Meister und die Kinder mehrere Stunden damit, von Regal zu Regal und Gegenstand zu Gegenstand zu gehen und alles gründlich zu betrachten. Nachdem sie fertig waren, gingen sie an die Kasse, kauften die Nägel und verließen das Geschäft. Das Eindrucks-volle an der Geschichte ist für mich nicht, dass sie so stoisch selbstbeherrscht waren, sondern dass sie beim Betreten des Geschäfts bereits wussten, was sie am Ende kaufen würden und sich dennoch die Zeit nahmen, sich das breit gefächerte Waren-angebot anzuschauen, bei allem stehen zu bleiben, was sie interessant fanden und kennen zu lernen, was es dort alles gab.

Wenn Ihr Stauraum beschränkt ist, versuchen Sie es mit Regalen und Tischen, die eigens für Ecken vor-gesehen sind. Auch Einbauten unter dem Bett oder an Stellen, wo sie nicht im Weg sind, können hilf-reich sein. Wenn das nicht möglich ist, nutzen Sie jede Möglichkeit, Ihre eigene Phantasie zu aktivie-ren. Kleine Körbe können in größeren verschwinden, kleine Gegenstände in etwas geräumigeren.

Manchmal mag Ihnen Ihre Umgebung wie ein verwirrend kreisender Wirbel vorkommen, ein Strudel von Gegenständen, Erinnerungen, Ge-danken und Schätzen. Vor Jahrhunderten fragte der Priester Kyozan den Meister Isan: „Wenn hun-derttausend Dinge auf einmal auf mich einstürmen, was soll ich da tun?" Isan gab die Antwort: „Blaue Dinge sind blau, gelbe Dinge sind gelb. Diese Dinge haben kein Interesse daran, dir zu helfen oder zu schaden. Mach dir ihretwegen keine Sorgen. Alle Dinge haben im Universum ihren eigenen Platz."

Wenn Sie Ihre Sommersachen wegpacken, packen Sie einen echten Sommer in die Kleidertruhe. Wenn Sie Ihr Küchenregal mit einem neuen Gewürzglas bereichern, stellen Sie den Ertrag einer Ernte zum künftigen Gebrauch bereit. Während Sie den einzelnen Gegenständen ihren Platz zuweisen, können Sie über die engen Grenzen von Eigentum und Besitzen hinausschauen und den Wert jedes Dinges wahrnehmen. Dann fangen Sie an, einen grenzenlosen Raum zu entdecken.

Eine Welt voller Fenster

Fenster sind Pforten des Lichts. Je mehr Fenster es in Ihrem Leben gibt, desto mehr Erleuchtung findet statt, und desto größer sind die Chancen, dass Sie sehen, was es um Sie herum alles gibt. Wenn Sie anfangen, auf Fenster zu schauen, statt durch sie hindurch, können Sie ebenfalls Dinge entdecken, die Ihnen sonst vielleicht entgehen würden. Ein Fenster ist sowohl eine transparente Öffnung als auch eine unsichtbare Grenze. Es hilft auseinander zu halten, was innen und was außen ist. Es markiert eine unsichtbare, aber klare Linie zwischen der Welt des Nahen und des Fernen, wird also zur umschließenden Schranke und zugleich zum Ausgangspunkt für das Erblicken neuer Welten.

Interessanterweise wird das Licht zum Spiegel, wenn sich das Verhältnis von Dunkelheit und Licht entsprechend ändert. Dann wird nicht nur das Glas sichtbar, sondern auch wir selbst: Die spiegelnde Oberfläche des Glases verdunkelt zum Teil die Unterschiede zwischen „drinnen" und

„draußen", wenn sich Bilder von innen über die Bilder dessen, was jenseits unserer Wände ist, legen, und beide scheinen sich stärker miteinander zu vereinen. Diese neue Ansicht der Dinge kann eine verborgene Tugend von Glas sein, das nicht zu transparent, nicht zu sauber ist.

Wenn man seine Fenster pflegt, kann das zu einer recht lohnenden Erfahrung werden, vor allem, wenn man sie an einem sonnigen Tag putzt. Man kann spüren, wie einen die Wärme des weit entfernten Sonnenlichts bestrahlt. Sie könnten sich fragen, was Sie sehen, während Sie diese Putzarbeit verrichten. Wonach halten Sie Ausschau, wenn Sie sich um mehr Klarheit in Ihrem Leben bemühen? Was kommt dazwischen und stört diese Erfahrung von Klarheit? Wie weit reicht die Klarheit? Das Fensterputzen aktiviert in erster Linie Ihr Sehen, aber Sie können dabei auch Geräusche hören. Horchen Sie darauf, wie Ihr Lappen beim Gleiten über das Glas quietscht und wie das Wasser laut tropft, wenn Sie den Putzlappen auswringen. Der Dichter Santoka sagte: „Im nie endenden Rauschen des Wassers findest du immer den Buddha."

Wenn Zen-Schüler ihre Fenster putzen, versuchen sie, alle Wasserspuren oder -streifen zu tilgen. Sie versuchen, in jede Verrichtung vollkommen einzutreten und keinerlei Spuren von sich selbst zu hinterlassen. Nach dem gleichen Grundsatz versuchen sie auch, keine unnötigen Schatten in ihrem Denken zu schaffen und in jeder Erfahrung Frieden und Freude zu finden. Sorgfältiges Üben kann Ihnen dazu führen, so etwas wie „glasklaren Geist" zu empfinden. Und indem Sie sich auf die einfache Bewegung des Wischens mit dem Lappen konzentrieren, beginnen Sie vielleicht die Ursprünge für Ihre eigene Emanzipation zu spüren.

Doch ist es wichtig, nicht „fixiert" zu sein. Es besteht keine Notwendigkeit, dass Sie verbissen sind. Eher geht es darum, die Leichtigkeit zu finden, die dann entsteht, wenn Sie Ihre eigene stille Energie einsetzen. Es ist nicht notwendig, alles absolut sauber und rein zu bekommen. Selbst vollkommene Klarheit ist nicht unproblematisch. Ein makellos transparentes Fenster wird zur Gefahr für fliegende Vögel und Insekten. Und Wasser, das vollkommen durchsichtig wäre, würde für die Fische zur gefährlichen Umwelt: Sie könnten sich nirgendwo ausruhen oder vor ihren Verfolgern verstecken. Ein Fenster ist sauber genug, wenn es ganz natürlich seinem Zweck dient. Falls Sie die

Fenster regelmäßig mit Sorgfalt und Zuversicht putzen, kommt in Ihre Wohnung ein Stück mehr Frühling oder Sommer.

Mehr Licht ins Leben zu lassen, bedeutet auch, alles so zu sehen, wie es wirklich ist. Sie können die Schönheit und Bedeutung Ihres Lebens objektiver einschätzen. Dogen beschrieb diese Art von Objektivität als die Fähigkeit, sich Blumen anzuschauen, ohne noch mehr Farbe zu wollen, oder den Mond zu beobachten, ohne zu wünschen, er sollte heller leuchten. Je offener Sie sich auf Ihre Erfahrung einlassen, desto größer wird Ihre Verbundenheit mit den Dingen. Sie können das Licht der Sonne, des Monds und der Sterne und auch das Geräusch des neugierigen Hündchens, das seine Nase an der Fensterscheibe reibt, ganz anders genießen.

Wenn Sie so das eine Fenster fertig geputzt haben und schon ans nächste gehen, hellt sich das Innere Ihres Wohnraums immer mehr auf und rückt Ihnen die Welt draußen schärfer ins Bild. So wird auch diese einfache Hausarbeit zu einer Methode, alles zusammenzufügen.

Vom Instandhalten

Es ist eine anspruchsvolle Aufgabe, die Wohnung in Ordnung zu halten. Manche Dinge müssen regelmäßig, tagein tagaus getan werden, und das führt ziemlich sicher dazu, dass Sie sie nicht gerade mit Begeisterung angehen. Sie pflegen den Haushalt, damit es sauber ist, aber auch, um die Wohnung und Möbel in gutem Zustand zu erhalten. Jedoch lehrt der Buddhismus, dass es nicht möglich ist, irgendeinen Zustand festzuhalten. Alles ändert sich ständig, wird schlechter und verschwindet schließlich. Die Dinge sind ohne Dauer. Auf allen Dingen könnte stehen: „vorübergehend" oder „flüchtig".

Sie können die Gegenstände, mit denen Sie leben, noch so sorgfältig behandeln, es kommt der Tag, an dem sich die Schranktür aus ihrer Angel löst und wegbricht und an dem der Stuhl, auf dem Sie sitzen, nachgibt. Ihr Leben und alles, was darin ist, ist Ihnen nur geliehen und ist eindeutig hinfälliger Natur. Selbst Ihr Atem kommt und geht im Fluss, und auch das Herz schlägt immer nur kurz.

Für mich waren die faszinierendsten Kunstformen immer die „flüchtigen"; diejenigen, die in „Echtheit" ablaufen, wie das Theater und die Musik. Während einer Vorführung kann alles passieren. Es können Dinge verloren gehen oder Sie können mit einer jähen transzendenten Erfahrung beschenkt werden. Wenn Sie von einer fesselnden Handlung auf der Bühne in Beschlag genommen oder vollkommen in einer Klarinettensonate oder einer Jazz-Improvisation versunken sind, denken Sie nicht ans Ende. Sie fragen nicht nach dem Ziel oder dem Grund oder dem Verlauf des Werks. Sie gehen einfach vollkommen mit den Schauspielern oder Musikern mit. Es gibt für Sie nur diesen wunderbaren Augenblick, der Sie umfängt. Sie sind emotional bewegt, ohne daran zu denken, die Zeit anzuhalten, um die Erfahrung zu konservieren.

Die Zen-Meister haben gezeigt, dass auf ganz ähnliche Weise jeder Augenblick unseres Lebens als lebendig und bedeutsam erfahrbar ist. Man kann keinen einzigen noch so kurzen Zeitblitz, ganz gleich, wie langweilig oder unwichtig er erscheinen mag, entfernen, ohne zugleich das Gespür für Gegenwart, Vergangenheit und Zukunft zu vernichten. Tatsächlich existiert alle Zeit in diesem jeweiligen Augenblick. Wenn Sie jede Ihrer Tätigkeiten mit Energie und Achtsamkeit füllen, sind Sie nicht mehr nur mit dem Erhalt von Dingen beschäftigt. Sie kümmern sich zwar immer noch sorgfältig um alles, aber Sie versetzen diese Besorgung auf eine unmittelbare, schöpferischere Ebene. Wenn Sie den Medizinschrank ausmisten, krempeln Sie einfach die Ärmel hoch und tun Ihr Bestes. Falls Sie auf diese Weise arbeiten und aufmerksam und innig in Kontakt mit irgendeiner unbedeutenden Tätigkeit sind, kann Ihnen plötzlich das Gespür dafür geschenkt werden, wie alle Dinge miteinander verbunden sind.

Tatsächlich sind alle Dinge auf der Erde miteinander verknüpft. Schon die alten Griechen kannten Geschichten von Gaia, der Erdmutter und Göttin der Welt. Ihr Name wurde für neuere wissenschaftliche Theorien wieder aufgegriffen, die die Erde als in sich geschlossene, vollständige organische Einheit betrachten. Ihre Flüsse, Bäche und Meere funktionieren als ihr Kreislaufsystem und ihre Atmosphäre ist für sie eine Art Haut. Wissenschaftler weisen darauf hin, dass die Gesundheit dieses Planeten davon abhängt, dass seine Wälder,

Ströme, Klimazonen und Wolken ausgewogen in-
einanderwirken. Kein noch so winziger Teil der Erde
ist unwichtig. Es gibt nichts in der Natur, was
zwecklos wäre.

Ganz aufschlussreich könnte es sein,
wenn Sie sich einmal auch Ihre eigene Wohnung
als organische Einheit vorstellen. Die Außenhaut
(die Wände) enthält Wasser, Heizung und Belüf-
tungssysteme. Im Inneren lässt sich Ihr Grundle-
bensraum durch das verändern, was Sie in ihn hin-
eintragen, ähnlich wie sich die Art Ihrer Nahrung
auf Ihren Körper auswirkt. Und wie das Wetter von
den verschiedenen aufeinander treffenden Druck-
systemen gestaltet wird, so werden die Gefühle,
die im Lebensraum der Wohnung in Ihnen geweckt
werden, von den Dingen beeinflusst, die Sie um
sich herum anordnen: von der Art Musik, die Sie
hören, dem Essen, das Sie sich zubereiten, den Be-
ziehungen, die Sie pflegen, den Büchern, die Sie lesen und den Dutzenden anderer Umstände, die Sie
tagtäglich auswählen. Keine Einzelheit Ihrer Wohnung ist isoliert und belanglos. Um gesund und
angenehm wohnen zu können, brauchen Sie
Türangeln, die nicht quietschen und eine Decke, die
bei Regen wasserdicht ist. Sie haben die Aufgabe,

dafür zu sorgen, dass alle Einzelheiten reibungslos so funktionieren können, wie sie gedacht waren.

Manche Leute treiben einen derartigen Aufwand zur Sicherung der Einrichtungsgegenstände in ihrer Wohnung, dass sie das, was sie umgibt, gar nicht genießen können. Ich besuchte einmal die Eltern eines Freundes, die in einem sehr teuren Sechs-Zimmer-Apartment am Nob Hill von San Francisco wohnten. Bei allen Möbeln und Dekorationsgegenständen handelte es sich um sehr teure Objekte in auserlesenem Design. Aber jeder einzelne Gegenstand war mit durchsichtiger Plastikfolie überzogen! Die Lampenschirme waren in Plastik eingehüllt, die Sofas und Sessel hatten durchsichtige Vinyl-Überzüge, und lange Plastikläufer schützten die Böden und Teppiche. Ich fragte ganz naiv, ob sie gerade den Maler da hätten. Darauf gab mir die Mutter meines Freundes recht unwirsch und beleidigt zur Antwort, das sei nicht der Fall, und das sei bei ihnen immer so. Ich konnte es kaum glauben, dass sie so wohnten. Sie saßen und gingen auf Plastik und aßen aus Plastik und deckten ihre herrlichen Besitztümer nur kurz auf, wenn sie ungefähr alle zwei Monate eine Einladung zum Essen gaben. Die Mutter fragte uns, ob wir von den wunderbaren Orangen kosten wollten, die sie gerade vom Markt mit heimgebracht hatte. Mein Freund, ihr Sohn, nickte. Da fragte sie ihn, ob es ihm etwas ausmachen würde, sie im Freien zu essen. So ging er hinten zur Tür hinaus. An diesem Nachmittag muss sich die Göttin Gaia nachdenklich am Kopf gekratzt haben.

Bitte werden Sie mit Ihrer Wohnung nicht zwanghaft. Sie brauchen nicht mit Lappen und Schrubbern bewaffnet durchs Haus zu pirschen und nach dem Feind zu spähen. Sie brauchen Ihr Leben auch nicht in einem Schutzüberzug aus Plastik oder einer Wolke von antibakteriellen Sprays zu verbringen. Wenn Sie in zwanghaftes Handeln verfallen, kommen Ihnen Ihre besten Absichten abhanden und verderben die schönsten Erlebnisse. Es ist in Ordnung, die Spüle in der Küche zu wässern und auszureiben, aber Sie müssen sich nicht von jedem kleinen Fleck tyrannisieren lassen. Ein buddhistisches Sprichwort lautet: „Wenn wir den Buddha auf dem Berggipfel suchen, übersehen wir den Buddha im Tal." Mit anderen Worten, wenn Sie mit Ihrer Sauberkeit, Ihrem Bild von sich selbst und Ihrer Selbstbeherrschung übertreiben, laufen Sie Gefahr, das Gefühl für Ihr Wohlbefinden zu verlieren.

Dann können Sie sich in Ihrer eigenen Wohnung gar nicht mehr richtig entspannen und sie genießen, weil dauernd immer gerade irgendetwas nicht ganz stimmt.

Der Ort, an dem Sie wohnen, sollte Ihre wirkliche Einstellung, Ihre wahre Natur widerspiegeln. Jedes Zimmer Ihrer Wohnung, ja sogar ein vorübergehend bewohntes Hotelzimmer kann von der Persönlichkeit dessen durchtränkt sein, der dort lebt. Sie können das Licht ändern oder anders anordnen, Blumen hinzufügen, neue Gegenstände dekorativ aufstellen und die Umstände verbessern, ganz ähnlich, wie sich ändernde Zustände von Gaia sich auf das Klima und die Stimmung des Planeten auswirken. Wenn Sie mit Ihrer Umgebung im Einklang sind, fühlen Sie sich auch mit dem Menschen wohler, der oder die Sie wirklich sind. Es ist dann gar kein so großer Unterschied mehr, ob Sie um die natürliche Biegung eines Flussbetts wandern oder längs der glitzernden Gänge eines Supermarkts, denn in jedem Fall können Sie dann das Empfinden ungezwungener Ordnung und des Vertrauens in die Dinge verspüren.

Ihre Wohnung in Ordnung zu halten, erfordert Sorgfalt. Sie entwickeln die Gewohnheit, sich um etwas zu kümmern, von dem Sie wissen, dass es sich ändert. Die tapfersten Gedanken und Taten ändern nichts daran, dass alles in unserem Leben nur vorübergehend ist. Wahre Freude stellt sich nicht ein, wenn man versucht, etwas für immer zu besitzen, sondern dann, wenn man es wirklich besitzt.

Neue Farben hineinbringen

Vor fast einem Monat bin ich von der Leiter gefallen oder genauer: mit der Leiter gefallen. Ich strich eine Außenwand unseres Hauses und war ungefähr zweieinhalb Meter über dem Boden, mit einem frisch geöffneten Vier-Liter-Farbkübel in der einen und einem Pinsel in der anderen Hand, als die Leiter kippte. Es blieb mir nicht einmal die Zeit, vor meinen inneren Augen den berühmten Film meines Lebens ablaufen zu lassen. Nach dem plötzlichen harten Aufprall hing ich über der flach am Boden liegenden Leiter und fühlte mich wie ein verrückter Surfer, den eine launische Welle umgekippt hat. (Diese Art Assoziation ist dem Umstand zu verdanken, dass ich in Kalifornien aufgewachsen bin.)

Über die ganze Wand hatte sich wie ein Kometenschweif ein weiter Bogen Farbe ergossen, so dass ich rasch losrannte, um den Gartenschlauch zu holen und die Wand mit Wasser abzuspritzen, bevor die Farbe antrocknen konnte. Abgesehen von einigen kleinen Platzwunden und beträchtlichen Abschürfungen an Knien und Schienbeinen hatte ich keinen größeren Schaden erlitten. Ich hatte keinen Knochen gebrochen und kein Fenster zertrümmert.

Es heißt, beim Anstreichen sei die Vorbereitung die halbe Arbeit. Aber man weiß nicht immer so genau, was man nun eigentlich alles vorbereiten muss. Man denkt, man habe alles bestens geplant, und plötzlich kommt etwas daher, versetzt einem einen Schlag und reißt einen aus seiner Selbstzufriedenheit heraus. So ist es nun einmal, heißt es. Nimm es nicht persönlich, denn es geht gar nicht um dich; „Es" ist so.

Jeder Handgriff beim Streichen einer Wand, jeder Strich mit dem Pinsel birgt in sich das Potenzial, entweder belanglos oder spektakulär zu sein. Dogen verglich das gesamte Universum mit dem Akt des Streichens. Das Streichen ist eine Möglichkeit, deutlich sichtbare Änderungen herbeizuführen. Manchmal reicht das bloße ewige Geputze und Geschrubbe einfach nicht aus, um ein Zimmer oder die Fassade Ihres Hauses wieder frisch zu beleben. Sie müssen womöglich zu einer einschneidenderen Maßnahme greifen und neue

Farben in Ihr Leben bringen. Für viele kann das zu einem freudigen, positiven und lohnenden Erlebnis werden. Für andere ist das etwas, woran sie sich erst begeben, wenn alles andere in ihrem Leben versagt hat.

Das Streichen gehört in gewisser Hinsicht zu den elementarsten Tätigkeiten. Auf der einen Seite ist da etwas, das gestrichen werden muss, auf der anderen Seite sind da Farbe und Pinsel. Also los! Das ist die ideale Gelegenheit, das zu üben, was als „Nicht-Denken" bekannt ist. Fangen Sie einfach an und streichen Sie. Wenn Sie zu viel darüber nachdenken, machen Sie wahrscheinlich einen Fehler. Sie werden zappelig, nervös und übervorsichtig, und am Schluss lassen Sie womöglich Ihren Pinsel fallen. Und wer weiß, was Sie erst anrichten, wenn Sie überhaupt nicht über das nachdenken, was Sie tun. Worum es geht, ist, dass man einfach vor sich hin streicht, in voller Achtsamkeit auf das, was man tut, aber ohne darüber nachzudenken. Lassen Sie die Arbeit ganz von Ihren Armen und Fingern, Ihren Beinen und Ihrem Pinsel verrichten.

Wenn es heißt, dass die Zen-Buddhisten das gesamte Universum mit allen seinen Farben umfangen, fragen Sie sich vielleicht, warum dann eigentlich im Zen-Buddhismus so viel „Schwärze" ist: die schwarzen Kissen, schwarzen Gewänder usw. Diese Schwärze ist die Schwärze des Praktischen und der Tradition. In Japan waren Schwarz und dunkles Indigo die Farbsubstanzen, die es in Hülle und Fülle und recht billig gab. Diese Farben waren auch sehr praktisch, weil man ihnen den Schmutz und die Abnutzung nicht so genau ansah. In anderen Teilen der Welt tragen Buddhisten vielleicht andersfarbige Gewänder. Ich stelle mir das „Zen-Schwarz" gern als die Schwärze vor, die in sich alle anderen Farben enthält. Katagiri Roshi sagte: „Wenn du eine Kiefer malst und nur reine Tinte verwendest, erschafft diese mit ihrer einen Farbe viele andere Farben."

Das Streichen dient ganz materiell dazu, etwas vor den Elementen zu schützen. Zugleich bringt es Veränderung und Farbe ins eigene Leben. Man kann dabei wunderbar beobachten, was sich alles dabei verändert. Genau wie das Mischen von Blau und Gelb als neue Farbe Grün hervorbringt, kann Sie auch das Vermischen Ihres Tuns mit Ihrer Achtsamkeit auf etwas ganz Neues und bislang noch nicht Gesehenes bringen.

Genießen Sie die vielen feinen Farbabstufungen in Ihrem Leben und gönnen Sie sich das Vergnügen, gelegentlich eine neue hinzuzufügen. Wenn man etwas frisch streicht, bringt man sein Vertrauen zu den Dingen zum Ausdruck. Aber achten Sie trotzdem immer auf Ihre Leiter.

Über Stil: Die Gegenstände, mit denen Sie leben

Wenn Sie Ihre Wohnung neu einrichten wollen, ziehen Sie vielleicht eine Zeitschrift zu Rate oder gehen zum Innenarchitekten. Aber nehmen Sie sich vorher einen Augenblick Zeit, um über den Unterschied zwischen Mode und Stil nachzudenken. Etwas, das gerade Mode ist, erkennt man daran, dass es jeweils im Trend oder Zeitgeschmack ganz vorne liegt und überall dafür geworben wird. Solche Dinge sind im Gespräch und finden die Aufmerksamkeit der Medien. Aber Stil ist etwas ganz anderes. Für ihn scheint es fast keine Regel zu geben. Er ist eine Blume, die auf viele verblüffende Weisen blühen kann. Echten Stil erkennen Sie sofort. Es ist nicht etwas, das man sich erwirbt, indem man andere nachahmt oder indem man immer mit den neuesten Modetrends Schritt hält.

Eine wichtige Lektion über Stil lernte ich als Schüler bei einem Basketballspiel. Wir waren eines Nachmittags die Gastgeber eines Teams aus einer anderen Schule, einer Schule, deren Schüler vorwiegend aus dem Kindern von Farmarbeitern bestanden. Heute würde man ihre Schule als „finanziell minderbemittelt" bezeichnen. Während man uns mit bunten kurzen Hosen und bestickten glänzenden Hemden ausgestattet hatte, trugen die Spieler des anderen Teams Jeans und einfache weiße T-Shirts. Aber diese Spieler hatten sich bunte Bänder in den hellen Farben ihrer Schule an die Gürtelschlaufen ihrer Jeans geknüpft. Zwar gewannen wir an diesem Tag das Spiel (wir waren eine viel größere Schule mit einer größeren Auswahl guter Spieler), doch die andere Mannschaft hatte einen Geist an den Tag gelegt, der uns verblüffte. Sie kämpften, fochten, feuerten sich durch Zurufe an und rannten unermüdlich über das Spielfeld, wobei ihre bunten Bänder fröhlich wehten. Wir hatten das Spiel gewonnen, doch wir spürten, dass sie in gewisser Hinsicht die bessere Mannschaft gewesen waren. Einige Tage danach versuchten einige von uns, etwas von diesem Geist auch bei uns zu aktivieren. So steckten auch wir uns einige bunte Bänder in den Hosenbund und feuerten uns durch Zurufe an. Aber das war nicht das Gleiche. Zum ersten Mal hatten wir mitbekommen, was es heißt, echten Stil zu haben. Das hatte nichts mit dem Gewinnen zu tun oder mit dem, was Mode war. Es war eher eine Frage der Spontaneität.

Eine wertvolle Lektion in Sachen Stil erfuhr die amerikanische Zen-Lehrerin Maurine Stuart, als sie zum ersten Mal ihrem Lehrer Soen Roshi begegnete. Beide saßen zunächst still einige Zeit meditierend da. Anschließend erklärte er ihr seine Bereitschaft, ihr Lehrer zu sein und erwähnte dabei, er sei von ihrem Stil sehr beeindruckt. Maurine wandte ein, ihrer Ansicht nach sei Stil etwas Oberflächliches und sollte nicht annähernd so hoch bewertet werden wie Aufrichtigkeit, Anstrengung und gute Absicht. Hierauf sagte Soen: „Nein, nein, nein, Stil ist sehr wichtig."

Wer zum ersten Mal in ein Zen-Zentrum kommt, ist oft zunächst von der dortigen Atmosphäre beeindruckt. Man genießt die dort herrschende Stille und Gelöstheit, die dadurch gefördert wird, dass der übliche Krimskrams unserer Wohnungen fehlt. Die meisten Zen-Zentren sind Stätten, an denen es zumindest ein Minimum an Gemeinschaftsleben gibt. Dinge sehr einfach zu halten, ist ein praktischer Schritt, der dazu beiträgt, dass auch die Bewohner sehr nüchtern bleiben. Manche Besucher hoffen, dieses friedvolle Gefühl mit nach Hause zu nehmen, indem sie ihre Wohnungen in einem ziemlich kargen japanischen Stil einrichten. Sie statten ihre Räume mit Futons, Bambusmatten, papierenen Lampenschirmen und ähnlichen Dingen aus. Wenn man Gefallen an der japanischen Architektur und Kultur findet und möchte, dass die eigene Wohnung etwas von einem *zendo* an sich hat, ist dagegen sicher nichts einzuwenden. Jedoch ist es hilfreich, sich auch die Frage zu stellen, ob das nicht bloß eine vorübergehende Anwandlung sein könnte.

Es gibt unzählige Möglichkeiten, eine friedvolle Atmosphäre zu schaffen. Man kann zum Beispiel versuchen, natürliche und einander ergänzende Materialen (wie Wasser und Stein) auf verschiedene Weise zu verwenden, sanfte, weiche und klare Linien zu schaffen, für Farbe oder gedämpfteres Licht im Raum zu sorgen oder ein Gesteck mit Lieblingsblumen aufzustellen. Dabei muss man nicht ein Zen-Zentrum imitieren. Alles kann dem eigenen Geschmack entsprechen. Beim Einrichten der eigenen Wohnung gibt es kein Richtig oder Falsch, jedoch wird man sich wohler fühlen, wenn man sich von seinem eigenen Herzen her entscheidet, was man verwendet.

Lassen Sie sich vor allem beim Auswählen der Möbel möglichst viel Zeit. Machen Sie nicht den Fehler, impulsive Reaktionen mit gewagtem oder mutigem Entscheiden zu verwechseln. Impulsives Handeln kann wunderbar sein, wenn man eine Eiscreme mit einem neuem Geschmack entdeckt, aber mit den gewählten Möbeln muss man sehr lange zusammenleben. Versuchen Sie Gegenstände zu wählen, die irgendetwas mit dem zu tun haben, was bereits im Zimmer ist. (Wenn Sie mit einem ganz leeren Raum anfangen, ist es darum besonders wichtig, dass Sie sehr sorgfältig überlegen, welches Möbelstück Sie als erstes hineinstellen.) Achten Sie auf den Freiraum um jedes Stück. Lassen Sie Ihren Möbeln Platz zum Atmen.

Aus irgendeinem Grund präsentieren die meisten Menschen ihre Wohnung anderen Menschen ganz anders als sich selbst. Hat man jemanden eingeladen, so putzt und wienert man alles und stellt frische Blumen in die Vasen. Man öffnet die Fenster, um frische Luft hereinzulassen. Und es ist viel unwahrscheinlicher, dass die Unterwäsche am Lampenschirm hängt oder ein halb abgebissener Apfel am Telefon liegt. Den Räumen und Bereichen unserer Wohnung jedoch, die Besucher kaum zu Gesicht bekommen, widmen wir oft viel weniger Aufmerksamkeit und Überlegung als denjenigen, die jeder Besucher sieht. Für uns selbst haben wir also geringere Ansprüche. Wenn wir keinen Besuch erwarten, begnügen wir uns mit einer vernachlässigten Wohnung. So verhalten wir uns in dieser Hinsicht wie Geschäftsleute mit zwei Sorten Buchführung: der einen ganz für uns selbst, der anderen fürs Finanzamt, das sie eventuell genau überprüft. Im Japanischen gibt es für diesen Unterschied zwei verschiedene Worte: *omote* ist das, was auf der Vorderseite oder Oberfläche der Dinge ist, *ura* bezeichnet die Rückseite, also das, was dahinter ist. Die Zen-Übung bietet eine gute Möglichkeit zu versuchen, diese beiden Seiten der eigenen Natur auf einen Nenner zu bringen: die Wandschirme zusammenzuklappen, alle Türen zu öffnen und ganz offen so zu leben, wie man wirklich ist.

Wer öfter zeltet oder seine Sachen für die Ferien packt, lernt ziemlich bald, nur das mitzunehmen, was er bzw. sie wirklich braucht. Alles Unnütze, zu Schwere, Unwichtige und Überflüssige lässt man weg. Man versucht, sich strikt auf das Allernotwendigste zu beschränken. Daheim hat man mehr Platz, um sich auszubreiten, einige Extras hinzuzufügen und Gegenstände anzuschaffen, die einem Freude machen. Viele Menschen fühlen sich zu Kunst, Antiquitäten oder anderen Sammelobjekten hingezogen. Aber viele erwerben diese Dinge aus falschen Gründen. Sie kaufen ein Gemälde oder eine Buchreihe nicht etwa deshalb, weil ihnen das Gemälde oder die Buchreihe besonders gefallen würde, sondern weil sie glauben, jemand, bei dem sie Eindruck schinden wollen, werde davon tatsächlich beeindruckt sein. Ihnen geht es um Ansehen oder Akzeptanz und sie hoffen, man werde sie auf Grund dieser Gegenstände als „kultiviert" oder „Mensch mit erlesenem Geschmack" einstufen. Dabei verkennen sie ihre ureigensten Gefühle und verschwenden viel Zeit und Geld bei der Suche nach dem, was Illusion bleibt, Schauspiel, *omote,* die Oberfläche der Dinge.

Dagegen ist es etwas Herrliches, wenn Sie etwas finden, das Ihnen wirklich gefällt. Ein Kunstwerk kann einen Raum bereichern und zugleich Freude in Ihr Alltagsleben bringen. Es kann und sollte über einen eigenen Charakter und Lebensgeist verfügen. Zu überlegen, welche Küchengeräte Sie anschaffen wollen, kann genau die gleiche Sorgfalt erfordern wie der Kauf einer teuren Skulptur. In vielen Teilen der Welt haben die Menschen die Kunst, sich selbst auszudrücken, auf Alltagsgegenstände angewandt: auf wunderschöne Kämme, Löffel, Teekannen und Kleidungsstücke. Die moderne Massenherstellung hat den Alltagsgegenständen ihren Charakter als einmalige Kunstwerke genommen; aber Sie können sich immer noch nach Gegenständen umsehen, die mit Sorgfalt angefertigt sind. Vermeiden Sie alles, was Sie nicht brauchen, aber wenn Sie etwas kaufen, ehren Sie es, als hätten Sie es selbst hergestellt.

Wenn Sie mit Erwerben, Einrichten und Dekorieren fertig sind, können Sie einen Schritt zurücktreten und sehen, was Sie zustande gebracht haben. Jetzt verfügt Ihre Wohnung über einen bestimmten Stil und Geist. Damit steht die wichtige Frage im Raum: Werden Sie ab jetzt vom Suppenteller oder von der Suppe leben? Ihre Wohnung wird in jedem Fall eine Ausweitung Ihrer selbst sein. Sie wird einer Vielzahl von Bedingungen unterworfen bleiben und sorgfältiger Instandhaltung bedürfen; sie muss aber auch die Fähigkeit zum Weiterwachsen haben und für Veränderungen bereit sein. Wie die Zen-Lehrer so gerne sagen: Nichts ist für immer. Das gilt ganz gewiss auch für Ihre Wohnungseinrichtung.

Die zehntausend Dinge,
die wir offenen Auges nicht sehen

Alles um uns herum ist interessant – sofern wir uns nur die Zeit nehmen, es genau anzusehen. Fangen wir mit der Glühbirne an. Dieser Alltagsgegenstand hat eine eigene Poesie und wunderbare Eigenschaften. Ertasten Sie bewusst die Glätte und Härte der zarten gläsernen Außenhülle, sehen Sie sich die ungemein feinen Glühfäden an, achten Sie auf die harmonische Birnenform, lassen Sie die buchstäbliche und zugleich symbolische „Helligkeit" der Glühbirne auf sich wirken, usw. Eine Glühbirne ist tatsächlich etwas Staunenswertes; sie erfüllt ihre Aufgabe in der Welt und unseren Wunsch, Licht ins Finstere zu bringen, weithin unbeachtet. Oder Sie können auch daran denken, wie die Glühbirne erfunden wurde; wie sie hergestellt, versandt, verkauft wird; welchen Wert und Zweck sie hat, wie man auf sie aufpassen, sie erneuern muss.

Stellen Sie sich vor, Sie müssten Ihre Glühbirnen selbst anfertigen: Wie würden Sie das anstellen? Wenn Sie sich diese Frage stellen, merken

Sie, wie komplex diese „einfachen", „weltlichen" Gegenstände sind. Gilt das nicht genauso für Kugelschreiber, Zahnpastatuben und Toaster? Stellen Sie sich vor, Sie müssten sich das alles selbst basteln: Was würden Sie tun? Würden Sie dann ein einfacheres Leben führen?

Mir scheint, das mindeste, was wir beim bewussten Anschauen all der Dinge tun können, die wir angesammelt haben, ist, ihnen Dankbarkeit entgegenzubringen, genau wie guten Freunden. Wenn Sie also die Batterien Ihrer Taschenlampe auswechseln, nehmen Sie sich einen Augenblick Zeit, bevor Sie die alten gedankenlos entsorgen, und denken Sie kurz darüber nach, welchen Dienst sie Ihnen geleistet haben: Welche Dinge sie beleuchtet, in welchen Situationen sie Sie vor Unfällen behütet, welche Dinge zu finden sie Ihnen geholfen haben. Wenn man es recht überlegt, sollten sie Ihnen einen kurzen Augenblick der Achtung, einen Augenblick des Dankes, einen Augenblick des Nachdenkens wert sein.

Sofern Sie so ähnlich wie andere Menschen sind, haben Sie wahrscheinlich auch eine beträchtliche Menge „Zeug" in Ihrer Wohnung angesammelt. Vieles davon ist eher klein und harmlos:

Kerzen, Topflappen, Scheren, Uhren, Gießkannen, Telefone und unzählige andere handliche Dinge, die Ihnen helfen, Ihren Haushalt aufrecht zu halten. Das meiste davon ist Ihnen wahrscheinlich so selbstverständlich, dass es Ihnen erst auffällt, wenn es nicht mehr funktioniert oder fehlt. Doch alle diese Dinge sind eine Art Hilfstruppe. Sie gewährleisten Ihre Sicherheit, Ihr Wohlbefinden und in vielerlei Hinsicht Ihre Mobilität; viele spenden noch auf andere Weisen Trost.

Jeder Gegenstand in Ihrer Wohnung – ja jeder Gegenstand in dieser Welt – existiert in Folge des Gesetzes von Ursache und Wirkung und dank und gemäß seiner ihm eigenen Weise. Die Kerze existiert wegen der Dunkelheit. Die Decke existiert wegen der Kälte. Und die Spinne existiert wegen der langen Ahnenreihe von Spinnen, die vor ihr existierten und sich vermehrten. Überlässt man die Dinge sich selbst, so kehren sie ganz von allein in ihren eigenen wilden Urzustand zurück. Wenn Sie das Gartenhaus sich selbst überlassen und nichts mehr daran tun, dann leckt irgendwann das Dach; das Holz wird morsch, Spinnen und Mäuse nisten sich ein, Unkraut wuchert aus den Ritzen im Holzboden. Jedes Ding findet die ihm eigene Gelegenheit zum Dasein und ist genau zum richtigen Zeitpunkt zur Stelle. Das wilde Leben verfügt über seine eigene Weisheit. Man kann nicht leugnen, dass es ziemlich entschlossen und unverwüstlich ist.

Wir haben bedacht, woher die Gegenstände in unserem Leben kommen und wie wir sie in eine angemessene Ordnung bringen können. Aber wie begründen wir unseren Ordnungssinn? Warum sortieren wir das Silberbesteck gerade so und nicht anders in die Schublade ein? Warum haben Designer einen so starken Hang zu geraden Linien und rechten Winkeln? Und warum steht der eine Schrank im Bad in so eindeutigem Widerspruch zur Ordnung überall sonst im Haus?

Die größeren Möbelstücke und wichtigsten Geräte bleiben gewöhnlich mehr oder weniger immer am gleichen Platz. Vor allem die kleineren sind es, die man immer wieder aufräumen und auf ihren Platz zurücklegen oder -stellen muss. So versuchen wir Ordnung in unser Leben zu bringen. Wir legen den Fußabstreifer parallel zur Türschwelle, sortieren die Lebensmittelvorräte ein, hängen die Bilder gerade, räumen das Geschirr in Reih und Glied ein, ordnen unsere Garderobe. Wir haben eine

Schwäche für das Symmetrische, Gerade, Flache und Unzerknüllte, Ordentliche. Darin liegt die Gefahr, dass wir das Gespür dafür verlieren, wie die Dinge wirklich sind, wie und warum sie eigentlich existieren und wie leicht wir einem übertriebenen Ordnungssinn verfallen können. Wenn Sie einen Fußboden dauernd zwanghaft schrubben, scheuern Sie das Holz ab. Und wenn Sie leidenschaftlich gern Messer ganz scharf schleifen, wetzen Sie die Klingen Ihrer Messer vorzeitig ab; Sie können sie so extrem schärfen, dass sie ganz verschwinden. Es wird also darum gehen, die richtige Mitte zu finden, die Mitte zwischen der Wildheit des Gartenhauses und der kalten Sterilität einer Wohnung, die wie ein Chemielabor wirkt. Die Wohnung soll sauber, aber auch bequem und gemütlich sein, ordentlich, aber auch spontan und überraschend. Wenn einem das gelingt, finden alle die kleinen Dinge, mit denen man sich umgibt, fast wie von allein ihren Platz, an den sie gehören, ohne künstlich zu wirken oder zu stören. Alles scheint dann ganz natürlich zusammenzupassen und bringt in unsere Umgebung Wärme und Harmonie.

Auf diese Weise fangen wir an, zu allen Dingen in eine Beziehung zu treten. Die Gegenstände werden Teil unseres Lebens, statt nur in die Schubladen des Missbrauchten, Fragmentarischen und Vergessenen gestopft zu sein. Es gibt eine ganz eigene Art Weisheit, die sich uns dann offenbart, wenn wir uns achtsam den schlichten Tätigkeiten widmen, die nötig sind, um alles Kleine und Einfache in unserer Wohnung zu pflegen. Wenn man mit einem leicht angefeuchteten Lappen über den Telefonhörer fährt, ein paar Tropfen Politur in die Tischplatte reibt, die Bücher abstaubt und die Decken ausschüttelt, die Topflappen neben den Herd hängt, die Brösel aus dem Toaster entfernt und das Wasser in der Blumenvase erneuert, kann man die leise Innerlichkeit der Dinge entdecken. Sie fangen an, ruhiger zu werden. Wir sparen Energie und lernen den Wert des Schweigens und der Dunkelheit kennen. Wir schenken ihnen immer mehr Vertrauen, weil wir sie besser kennen lernen; wir beginnen wahrzunehmen, dass es einen Ort gibt, an dem die Dinge unschätzbar wertvoll sind. Das ganze Unternehmen wird immer interessanter.

Die Dinge, die verloren gehen, zerbrechen oder sich abnutzen

Ständig ziehen Bilder an uns vorbei; das nimmt überhaupt nie ein Ende. Wollte man versuchen, all die Menschen und Gegenstände aufzulisten, die man in seinem Leben gesehen hat, so würde das fast eine Ewigkeit dauern. Oder versuchen Sie einmal, daran zu denken, wie viele Dinge bereits durch Ihre Hände gegangen sind. Stellen Sie sich dann auch noch vor, was zu sehen Sie alles noch keine Gelegenheit hatten und was Sie vielleicht in Zukunft noch sehen werden. Dauernd treten Menschen und Dinge in unser Leben ein und verschwinden dann wieder daraus.

Wenn Sie die Milch verschütten, eine Glasschüssel fallen lassen oder mit dem Besenstiel den Lampenschirm zertrümmern, ärgern Sie sich vielleicht über sich selbst und denken: Wieso musste mir das jetzt wieder passieren! Warum passe ich so schlecht auf? Was für ein Mist! Sie wünschen, Sie könnten Ihr Verhalten rückgängig machen, besser ansetzen und noch einmal wiederholen. Aber bedenken Sie, dass Sie durch diese Unfälle, diese unvorhergesehenen Augenblicke, die Dinge, die Sie verschüttet oder zerbrochen haben, besser schätzen lernen können. Solche Augenblicke zeigen zudem, dass Ihnen immer noch Überraschungen blühen. Sie spüren, wie der Adrenalinspiegel steigt. Sie fühlen sich merkwürdig macht- und hilflos. Sie fühlen sich zumindest in diesem Augenblick verantwortlicher, achtsamer und lebendiger.

Im Buddhismus weist man gern darauf hin, dass nichts von all dem, was wir sehen oder erfahren, von Dauer ist; ausnahmslos alles habe an der vergänglichen Natur des Daseins teil. Man könnte sagen, das sei das oberste Gesetz des Buddhismus. Das ist eine Wahrheit, auf die man sich in jedem Fall verlassen kann: Alle Dinge sind unbeständig und vorübergehend. Allerdings ist das nicht gerade die Wahrheit, die die meisten Leute gerne hören möchten. Die Haiku-Dichter entwickelten aus diesem Aspekt der Vergänglichkeit eine hohe Kunstform. Sie versuchten in ganz knappen, nur aus siebzehn Silben in drei Zeilen bestehenden Gedichten das Wesentliche eines einzigen kurzen Augenblicks ihres eigenen Lebens festzuhalten und sozusagen für immer einzufrieren, damit er uns immer zur Verfügung steht.

Dogen schrieb: „Alle Dinge sind Buddha … Dich aufzumachen, um die Dinge zu erfahren, ist Illusion. Aber es zuzulassen, dass die Dinge sich aufmachen und sich selbst erfahren, ist Erleuchtung." Aber wie kann man den Dingen die Freiheit geben, ihre eigene Natur zu erfahren? Einfach, indem man sie so ansieht, wie sie sind, statt auf sie die eigenen Wertvorstellungen, Charaktereigenschaften, Vorlieben oder Urteile zu projizieren. Wenn Sie also die verschüttete Milch aufwischen und die Scherben eines zerbrochenen Glases zusammenkehren, versuchen Sie sich auf die Tatsache zu konzentrieren, dass manche Dinge nicht ewig halten und dass selbst im dauerhaftesten Umstand ein Moment der Gefahr oder Überraschung stecken kann. Dann können Sie anfangen, sich den unzähligen Möglichkeiten zu stellen, die in allen Enden und Anfängen stecken.

Es heißt zwar, wir lebten in einer „Wegwerfgesellschaft", aber trotzdem ist uns bewusst, dass manche der Dinge in unserem Leben einfach unersetzbar sind: Fotos, die uns teuer sind, bestimmte Geschenke, Kunstwerke usw. Der Buddhismus zeigt, dass in Wirklichkeit nichts ersetzbar ist. Jedes Ding, das wir vor Augen haben, ist kostbar und einmalig; es verfügt über seine ganz eigene Natur und Seele. Und jedes Ding verschwindet zu seiner eigenen Zeit und auf seine eigene Weise. Denken Sie daran: Sie sollen „es zulassen, dass die Dinge sich aufmachen und sich selbst erfahren". Ignorieren Sie die kleinen lästigen Unannehmlichkeiten und Fehler nicht einfach; versuchen Sie nicht, sie abzuschütteln. Es gibt viele sperrige Dinge im Leben, die man gar nicht so leicht los wird. Und es ist ein Unterschied wie Tag und Nacht, ob Sie etwas loslassen oder ob Sie versuchen, es abzustoßen.

Wenn Sie etwas zerbrechen, ist dann Ihr erster Impuls, es wegzuwerfen? Oder reparieren Sie es, aber empfinden einen Stich Trauer, weil es nicht mehr „vollkommen" ist? Im einen wie im anderen Fall dürfte es eine wertvolle Anregung für Sie sein, darüber nachzudenken, wie die Japaner das bei der Teezeremonie verwendetes Geschirr behandelten. Es bestand zwar aus ganz einfachen Materialien, aus Ton und Grundglasuren, aber diese Teetassen und Schalen wurden um ihrer klaren Gestalt und spirituellen Qualitäten willen verehrt. Man behandelte sie mit äußerster Sorgfalt, Aufmerksamkeit und Respekt. Aus diesem Grund ging eine für die Teezeremonie verwendete Tasse fast nie in die Brüche. Ereignete sich einmal ein Unfall und eine Tasse zerbrach, so wurde sie in manchen Fällen mit Gold repariert. Statt zu versuchen, sie so wiederherzustellen, dass man nichts mehr sieht, feierte man die Sprünge sogar. Die dünnen Bruchlinien der Keramiktasse wurden mit schimmerndem Gold verstärkt, so dass es ganz augenfällig wurde, dass die Tasse zerbrochen war und repariert wurde. Das wurde zum deutlichen Hinweis auf ihre Hinfälligkeit und Vergänglichkeit und machte sie sogar noch wertvoller.

Gewöhnlich neigen die Menschen dazu, ihre Fehler zu vertuschen und Zerbrochenes genau so wieder herzustellen, wie es vorher war. Sie tun damit so, als sei alles wieder wie früher und ihr Herz habe keinen Riss erfahren. Tatsächlich zerbrechen die Dinge. Sie zerschmelzen. Gelegentlich enttäuschen sie einen gewaltig. Und im Lauf der Zeit brechen auch Sie und werden ganz anders. Versuchen Sie also lieber, aus Ihren Erfahrungen zu lernen und diese mit anderen zu teilen, statt zu verbergen, dass auch Sie nur ein Mensch sind.

Wir mögen die neuen Gegenstände besonders wegen ihrer Frische. Sie haben eine Kraft und Stärke, die alten, abgenutzten Dingen abgeht. Jedoch sind es das Altern und das lange Gebrauchtwerden, was Gegenständen genau wie Lebewesen ihren unverwechselbaren Charakter gibt. Ein vielbenutztes Werkzeug liegt einem besonders weich und griffig in der Hand; die alte, bequeme Jacke sitzt einfach besser als eine neue, und manches Buch hat man schon oft zur Hand genommen und es ist einem zum lieben Gefährten geworden. Bei einer alten, knorrigen Eiche tut man sich ziemlich leicht, sie zu schätzen. Doch wir können auch die Risse und Nähte und abgewetzten Oberflächen anderer Gegenstände anschauen und daran denken, wie lange sie schon ihre Dienste geleistet haben und ihre ganz eigene Schönheit erkennen. So können wir die Dinge so schätzen „wie sie sind".

Wenn ein großes Unglück passiert – ein geliebter Mensch stirbt oder ein Haus abbrennt –, neigen die Menschen eher dazu, darüber nachzudenken, was da geschehen ist und welchen Sinn das haben soll. Aber selbst die ganz kleinen alltäglichen Vorkommnisse – der auf dem Geländer der Veranda entlang hüpfende Spatz, die über den Bo-

den verschüttete Milch, das zerfurchte Schneide-
brett – bieten die Möglichkeit, nachzudenken und
etwas über das eigene Leben zu lernen. Ja, solche
Augenblicke fordern uns auf, aufmerksam zu sein,
sich ganz auf sie einzulassen. Nur auf diese Weise
existieren die Dinge voll und ganz für Sie.

Hausaltäre, Heiligtümer und Ikonen: Kultstellen in Ihrer Wohnung

An einem Winternachmittag folgte ich der Einladung von Freunden in ihre Wohnung, in der ich noch nie gewesen war. Nachdem sie mich am Eingang herzlich begrüßt hatten, gingen wir ins Wohnzimmer und ich rammte fast einen riesigen Steinway-Flügel. Er stand gebieterisch im Weg und füllte einen Großteil des Raums aus, schwarz und glänzend und so gewaltig und fehl an diesem Platz wie ein Rennpferd. Wir konnten das imposante Instrument dann doch noch behutsam umrunden, an der Wand gegenüber ein Sofa und Sessel erreichen und uns dort zum Tee niederlassen. Erst nach zwanzig oder dreißig Minuten Geplauder wagte ich, auf den Flügel zu sprechen zu kommen. Ich hatte überhaupt keine Ahnung gehabt, dass jemand in dieser Familie Klavier spielte und es interessierte mich, wer diese Kunst nun tatsächlich beherrsche. Meine Frage schien beide etwas in Verlegenheit zu bringen; es stellte sich heraus, dass sie beide noch nie auch nur die Tasten berührt hatten. Der einzige

Zweck des Instruments bestand darin, als vornehmer Sockel für eine ganze Reihe in Silber gerahmter Familienfotos zu dienen, die darauf prangten.

Einen Flügel als eine Art siebzigtausend Dollar teuren Beistelltisch zu verwenden, mag ungeheuer extravagant wirken, aber man sollte auch nicht übersehen, welche Bedeutung es hat, dass meine Freunde darauf sorgfältig die Bilder ihrer Lieben arrangiert hatten.

Die meisten von uns haben irgendwo in der Wohnung einen Ort, der für ganz besondere Gegenstände reserviert ist, für kostbare Erinnerungsstücke oder etwas, das wir immer wieder vor Augen haben wollen. Das kann ein Kaminsims mit Pokalen sein, eine Wand mit Familienfotos oder eine Art Hausaltärchen für einen besonders geliebten, vielleicht verstorbenen Menschen. Das muss nicht einmal etwas in der Wohnung sein. Vielleicht steckt im Geldbeutel ein Foto oder eine Haarlocke oder baumelt am Rückspiegel des Autos ein kleiner polierter Stein an einer Kette. Unabhängig davon, ob wir dieser Stelle eine besondere spirituelle Bedeutung zukommen lassen, ist sie uns wichtig.

Buddhisten errichten in ihren Tempeln und Übungszentren in recht vielfältiger Form

Schreine und Altäre. Sie reichen von kunstvollen und imposanten Darstellungen bis zu ganz einfachen Symbolen wie etwa einem einzigen Grashalm. Es gibt goldene Buddhastatuen, die derart riesig sind und deren Anfertigung so teuer war, dass sie ganze Regionen fast in den Bankrott trieben. Und es gibt verspielte, nicht ganz so ernst gemeinte Altäre und Schreine von jungen Leuten, auf denen buddhistische Gottheiten direkt neben Onkel Dagobert oder Obelix aufgestellt sind, also eine eigenartige Mischung aus religiösen, weltlichen, unterhaltsamen Symbolen. Für alle, die mit dem Buddhismus nicht vertraut sind, sei ausdrücklich gesagt, dass die Verehrung irgendeines solchen Schreins oder einer Plastik keineswegs etwas mit Götzenkult zu tun hat. Insbesondere Zen-Übende sind sich durchaus bewusst, dass es sich dabei lediglich um eine bestimmte Anordnung aus Metall, Holz, Stein oder Plastik handelt. Aber genau wie ein Foto erinnern sie uns an etwas, das uns besonders wichtig ist. Es sind die Abbilder der Eigenschaften, die wir gern an uns selbst entwickeln möchten. Wenn wir uns vor ihnen verneigen oder einen Augenblick schweigend vor ihnen stehen, lassen wir ihnen den gleichen Respekt und die

Wertschätzung zukommen wie einem lange verlorenen Freund. Wir halten uns außerhalb unserer selbst etwas vor Augen, was in Wirklichkeit ein Teil unserer selbst ist.

In den ersten fünfhundert Jahren nach seinem Tod wurde Buddha nur symbolisch abgebildet: etwa im Bild seines Fußabdrucks, des Bodhi-Baums, unter dem er beim Meditieren saß, oder in einer Darstellung des heiligen Rads. Heute sind die buddhistischen Tempel mit einer Vielzahl reicher und inspirierender Bilder ausgestattet: mit verschiedenen Darstellungen des Buddha selbst, mit einer Schar von Bodhisattvas (ein Bodhisattva ist ein erleuchtetes Wesen, das andere unterweist und ihnen hilft), etwa Jizo und Senju Kannon, der tausendarmigen Kannon. Es gibt Bodhisattvas auf Wolken (unchu kuyo bosatsu) und (z. B. hinter Türen) verborgene Buddhas (hibutsu) sowie eine riesige Schar von Göttern und Schutzpatronen für alle Gelegenheiten: Fijin (den Windgott), Raijin (den Donnergott), Katoku Seikun (den Feuergott) und Fudo Myoo, die höchste Gottheit der esoterischen Lehren, die wütend zur Erde gekommen ist und sich geschworen hat, alle sturen und unbelehrbaren empfindenden Lebewesen zu unterweisen. Jede dieser Gestalten besitzt ihre eigene einmalige Geschichte, ihren besonderen Zweck und Eigenschaften; die sie umgebenden Mythologien waren immer ein wichtiger Bestandteil des Buddhismus. In den Zen-Tempeln ist diese Fülle an Gemälden und Skulpturen stark reduziert und in jene kargen und klaren Formen gebracht, für die das Zen berühmt ist. Die Zen-Meditationshallen enthalten oft nur ein oder zwei Bilder als Brennpunkte, und ihr Thema ist „nichts Besonderes".

Wenn Sie sich in Ihrer Wohnung einen besonderen Ort für das Gebet oder die Meditation vorsehen wollen, taugt dazu am besten ein bequemer Platz abseits. Sie brauchen sich nicht eigens einen riesigen Flügel, Marmorsäulen oder die Wandverkleidungen eines tibetischen Tempels ins Wohnzimmer schleppen lassen. Es genügt schon ein kleines Holzkistchen, ein flacher Stein oder ein einfaches Regal an der Wand, auf dem Sie Fotos oder sonst etwas aufstellen, worauf Sie Ihre Aufmerksamkeit ganz besonders richten möchten, etwa ein Blatt oder den Brief eines Freundes. Sie können diese Gegenstände je nach Belieben auswechseln. Wenn Sie gern einen regelrechten Altar aufstellen möchten, achten Sie darauf, ihn einfach und etwas abseits zu halten. Sie könnten ihn an der Stelle anbringen, an der Sie meditieren oder sonst an einer Ihnen wichtigen Stelle, wo Sie die Dinge verwahren, die Sie besonders gern vor Augen haben möchten.

Traditionellerweise gehört auf einen buddhistischen Hausaltar eine Statue von Buddha oder Kannon (der Gestalt, die das Mitempfinden verkörpert und die Seufzer aller Leidenden auf der Welt vernimmt). Aber auf ihm kann auch lediglich ein besonderer Stein, ein Kieferzapfen oder eine Karte mit dem Namen von jemandem stehen. Direkt vor diese zentrale Figur oder diesen Gegenstand stellen Buddhisten gewöhnlich einen Teller oder eine Schale für das Weihrauchopfer. Zur Linken der Figur stellen sie eine Kerze, zur Rechten Blumen, Nüsse oder Speiseopfer. Daheim allerdings kann man durchaus weniger formal sein. Man kann alles so einfach oder kompliziert anordnen, wie man es gern möchte; jedoch ist es sinnvoll, alles einfach zu halten. Dieser Ort ist dann besonders geeignet, sich etwas Zeit zum Alleinsein zu nehmen, seine Gedanken zu sammeln und zur Ruhe zu kommen. Als Spielwiese für Ihre eigene Dekorationskunst oder als Rechtfertigung dafür, den im Preis gewaltig überzogenen antiken Buddha zu kaufen, sollte sie hingegen nicht dienen. Es gibt die Geschichte von dem Zenmönch, der in der Eiseskälte seiner Hütte derart fror, dass er schließlich die Holzfigur des Buddha vom Altar nahm und sich damit ein warmes Feuer machte.

Dieser besondere Ort ist fast in jeder Hinsicht nicht anders als jeder andere Ort. Was ihn anders sein lässt und zu etwas Besonderem macht, ist das, was dort in Ihnen vorgeht. Sofern Sie es fertig bringen, auf jeden Ort, an dem Sie gerade sind, mit voller Achtsamkeit einzugehen, werden Sie merken, dass jeder für Sie gleichermaßen wichtig werden kann: das Schränkchen unter Ihrem Waschbecken und das Regal in der Abstellkammer genauso wie eine gotische Kirche oder ein schickes Restaurant.

Sich inmitten aller Dinge ruhig hinsetzen

Vielen Menschen ist es zur guten Gewohnheit geworden, sich in dem ständigen Kommen und Gehen einfach für einige Zeit ruhig hinzusetzen. Das kann die Form regelrechter Zen-Meditation annehmen, aber auch einfach darin bestehen, einige Minuten lang vom fortwährenden Fluss der Alltagsgeschäfte „abzuschalten". Es ist schwieriger als man denkt, alles Tun bleiben zu lassen und sich still hinzusetzen. Immer zupft etwas an einem, will etwas auf sich aufmerksam machen; ein Problem will gelöst, ein Handgriff erledigt werden. Das alles verspricht, weit wichtiger und interessanter zu sein als das bloße stille Dasitzen. Wenn Sie versuchen, sich still hinzusetzen, merken Sie erst richtig deutlich, wie unzählige Anreize ständig um Sie wimmeln und zappeln. Ihr Geist und Ihr Körper scheinen einander gar nicht richtig zu kennen und nicht ganz auf der Höhe zu sein. Sie brauchen Übung und ein gewisses Maß an unverkrampfter Selbstdisziplin. Falls Sie das aufbringen können, werden Sie sich schon bald nach diesen ruhigen Momenten sehnen, in denen Sie wirklich Sie selbst sein können. Wenn Sie zur Ruhe kommen und es zulassen, dass die Dinge um Sie herum für sich weitermachen, beginnt sich das Gesamtbild langsam zu verändern. Ihre Art, die Dinge zu betrachten, wandelt sich. Das ist so ähnlich, wie ein Fernsehbild während der Übertragung in seine Einzelteile zerlegt und dann am Ziel wieder zusammengesetzt wird.

In diesem Innehalten und Sitzen steckt eine Jahrtausende alte Weisheit. Andere Lebewesen pausieren regelmäßig während des Futtersammelns, Nestbauens oder Umherstreifens. Und alle großen Weltreligionen und spirituellen Bewegungen haben um den Wert und die Notwendigkeit dieser schlichten Handlung, dieser Pause, dieses kurzen Atemholens mitten im Lebenskampf gewusst.

Ganz gleich, ob Sie im formellen Stil des Zen sitzen oder sich einfach einige Minuten Zeit am Küchentisch nehmen, wichtig ist, dass Sie mit Vorsatz sitzen. Dabei sollten Sie nicht auf ein Ziel oder einen Gegenstand konzentriert sein, sondern einfach auf die Art achten, wie Sie sitzen: auf Ihre Haltung und auf das, was um Sie herum vorgeht.

Falls Sie formell nach der Tradition des Zen-Buddhismus sitzen möchten, würde ich Ihnen dringend empfehlen, sich einen Lehrer zu suchen oder eine Gruppe in Ihrer Gegend, die regelmäßig gemeinsam sitzt; dort sind Anfänger immer willkommen und finden entsprechende Anleitung. Mit anderen zusammen zu sitzen, ist ungemein wertvoll; diese Erfahrung kann Ihnen kein Video und kein Buch vermitteln. Trotzdem haben es viele auch schon ganz allein getan, zumindest zu Zeiten, wo sie keine andere Möglichkeit hatten. Anleitungen für die grundsätzlichen inneren Einstellungen und die richtige Körperhaltung können Sie in guten Einführungsbüchern in das Zen finden, etwa in *Zen-Geist*, *Anfänger-Geist* von Shunryn Suzuki (Berlin [7]1997) oder *Zen-Training* von Kazuki Sekida (Freiburg 1993).

Sie brauchen keine Einübung in das formelle Zen-Sitzen, wenn Sie lediglich kurze Zeit still sitzen, um Ihren Geist etwas zu sammeln oder angesichts einer Ladung schmutziger Wäsche oder am Steuer Ihres Wagens auf dem Parkplatz kurz innezuhalten. Es gibt keine Zeit und keinen Ort, die unpassend wären. Nehmen Sie sich einfach einen Augenblick Zeit, richten Sie Ihre Wirbelsäule gerade auf, entspannen Sie die Schultern und atmen Sie durch. Auf nichts anderes kommt es an. Wenn Sie mehr Zeit haben, können Sie dem Sitzen mehr Struktur geben. Sie können zum Beispiel täglich eine bestimmte Zeit für das Sitzen vorsehen (dafür sind besonders die Morgen- oder Abendstunden geeignet). Wenn Sie wollen, können Sie eine Kerze anzünden oder etwas Weihrauch abbrennen. Entweder sitzen Sie einfach so lange, wie Sie sich wohl fühlen, oder Sie setzen sich mit Hilfe einer Uhr oder eines Küchenweckers ein bestimmtes Zeitmaß. Im Lauf der Zeit werden Sie Ihre eigene Sitzgewohnheit entwickeln, genau wie Sie ganz von allein jeden Tag älter werden. Anfangs kommt es Ihnen wahrscheinlich unmöglich vor, Ihrem Geist das Umherschweifen abzugewöhnen; er wird ständig entwischen, um sich in allen möglichen Gedanken und Tagträumen zu verlieren. Sitzen Sie einfach trotzdem weiter, sehen Sie dem allem zu und lassen Sie es vorüberziehen. Widerstehen Sie dem Versuch, Ihr Denken gewaltsam unter Kontrolle zu bringen oder zu bremsen. Lassen Sie alles ganz von sich aus zur Ruhe kommen. Sie werden überrascht feststellen, dass sich schließlich alles auf seinen Platz zurückzieht. Und genauso natürlich, wie der

Regen oder Schnee fällt, werden Ihre verworrenen Gedanken allmählich verebben, abfallen und wegschwimmen – wenigstens vorübergehend.

Mit diesem Sitzen kommt man nie an ein Ende. Erwarten Sie keine Wunder, auch keine kleinen. Es ist besser, dies so ähnlich wie eine neue Art von Gymnastik zu betrachten, die Körper und Geist kombiniert, als eine Methode, mit der Sie Geist und Körper auf neue Weise miteinander vertraut machen. Viele Menschen ziehen großen Gewinn aus dieser Übung, aber am hilfreichsten ist es, wenn Sie gar keine genauen Erwartungen entwickeln, was dabei herauskommen soll. Erwarten Sie nicht, dass Sie plötzlich heiter und sorglos werden oder sich Ihnen Jahrtausende alte Weisheiten erschließen. Gönnen Sie sich einfach, auf Überraschungen gefasst zu sein und die sich ständig wandelnden, vorüberziehenden Ansichten zu genießen. Versuchen Sie, ganz empfänglich für jede Erfahrung zu sein, die sich eventuell einstellt. Bleiben Sie wachsam. Seien Sie zu Veränderungen bereit. Seien Sie auf alles gefasst. Und versuchen Sie, sich von diesen Erfahrungen auf Ihrem weiteren Weg führen zu lassen.

ZWEITER TEIL

Die Küche – Rohes und Gekochtes

Ziellos
   zieht der Duft von Zitronenschalen
                  durch die Luft.

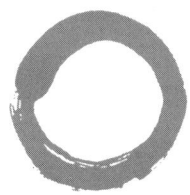

Von der Kunst und Kunstlosigkeit des Kochens

Allem Anschein nach kochen wir unser ganzes Leben lang Dinge und werden gekocht, verrichten wir Dinge und werden angerichtet. Jeden Tag finden wir die Zutaten unseres Lebens in einer neuen Mischung vor, und mittels unseres Verhaltens, Tuns und Denkens bestimmen wir, wie sie schließlich serviert werden. Jeder Tag birgt in sich die Möglichkeit, entweder zum Festessen oder zum Schnellimbiss zu werden. Es kommt darauf an, was wir jeweils auftragen.

Der Zen-Priester und Kochbuch-Autor Edward Espe Brown sagt, im Wesentlichen gebe es zwei verschiedene Stile des Kochens (und auch der Lebensart): entweder man nimmt ein bestimmtes Rezept und sucht dann die entsprechenden Zutaten zusammen, um das erwünschte Ergebnis zu erzielen, oder man sieht sich an, was man alles gerade da hat und gestaltet daraus mit praktischem Verstand, Spontaneität, Mut zu Ungewohntem und Erfindungsgeist etwas ganz Neues. Im letzteren Fall bietet sich die Möglichkeit, auf die vorhandenen Zutaten „aufmerksam zu hören", daraus zu erschließen, was in ihnen steckt und dann zur Tat zu schreiten.

Die Tätigkeit, Gemüse in Zutaten und schließlich in Speisen umzuwandeln, hat etwas Künstlerisches und Erfinderisches an sich. Gelegentlich allerdings gerät auch etwas Fremdes hinein. Bei manchen Arten des Kochens nämlich wird versucht, die natürlichen Eigenschaften der Zutaten zu verschleiern; damit geht ihr tatsächlicher Geschmack verloren. Alles verfügt über seinen ureigenen Geschmack, der jedoch von anderen Zutaten erdrückt werden kann. Das Gleiche gilt für jeden von uns.

In einer Zen-Gemeinschaft dürfte die wichtigste Stellung, die man als Zen-Übender einnehmen kann, die des *tenzo* oder Oberkochs sein. Diese Aufgabe erfordert viel Verantwortung und Hingabe. Die wache Sorge und Redlichkeit dieser einen Person wirkt sich sehr nachhaltig auf das Wohlbefinden aller anderen Mitglieder der Gemeinschaft aus. Dogen war umsichtig genug, für dieses Amt ganz besondere Anweisungen zu formulieren. Seine *Anweisungen für den Tenzo* wurden oft übersetzt und den Schülern an die Hand gegeben. Was Dogen darin über das Kochen ausführt, lässt sich auf jede andere Verrichtung des Alltagslebens übertragen. So öffnet er uns die Augen dafür, wie tief das Kochen und das Gekochtwerden unser Leben beeinflussen.

Für sich selbst oder für andere zu kochen, bedeutet sein Leben mit seiner Umgebung zu teilen. Es ist eine Gelegenheit, der Welt etwas von sich selbst darzubringen. Diese Erfahrung des Gebens können Sie genießen, ganz gleich, ob Sie sich lediglich ein Brot herrichten oder einen Salat anmachen oder ob Sie stundenlang in der Küche stehen, um ein kompliziertes Gericht zu bereiten. Sogar wenn Sie allein sind, erfüllt der Dampf einer schmackhaften Suppe im Topf den ganzen Haushalt mit dem Gefühl des Essens und Wohlbefindens. Der Dichter Santoka (1882–1940) sagte: „Die Wärme der Speise wird von Hand zu Hand weitergereicht." Jede Brotkrume, jedes Pfefferkorn, jede Bohne – alles bietet sich dar und wird an alle Lebewesen weitergereicht. Das sind die Dinge, die uns am Leben erhalten.

Es ist merkwürdig, wie entfremdet wir von unserer Nahrung geworden sind. Wir brauchen sogar beim Essen unbedingt Zerstreuung. So lenken wir uns mit Musik oder Gesprächen davon ab. Sitzen wir allein in einem Restaurant, so greifen wir nach einer Zeitung oder einem Buch. Wir vermeiden es, andere anzuschauen. Es ist uns lästig, zu den Dingen, die wir verzehren, eine Beziehung herzustellen. Sie sollen lieber anonym bleiben, uns voll zubereitet aufgetischt werden, ohne Hinweis darauf, woher sie kommen, und sie sollen nett aussehen. Darüber hinaus haben wir zu ihnen keine Beziehung. Wir lassen uns innerlich kaum auf das ein, was doch eindeutig zu einer der intimsten Verrichtungen unseres Lebens gehört.

Beim Kochen bietet sich die Gelegenheit, die Sachen, die man isst, genauer kennen zu lernen. Man kann jede Karotte oder Olive anfassen und ihren Duft und ihre Struktur wahrnehmen. Man kann ihr Gewicht spüren und ihre Farbe und Form betrachten. Wenn dieses Gemüse zum Teil Ihrer selbst werden soll, hat es doch wohl bewusste Wahrnehmung, Respekt und Dankbarkeit verdient. Es ist viel Zeit und Umsicht nötig, damit unsere Nahrungsmittel heranwachsen, und schließlich muss noch manche Mühe darauf verwendet werden, bis sie als Zutaten in unserer Küche landen. Auf dem langen Weg zwischen Weizenfeld und

Spaghetti spielt sich etliches ab, was unsere Dankbarkeit verdient hat.

Der Zen-Dichter Ryokan (1758–1831) verbrachte einen Großteil seines Lebens mit dem Ritual des als *takuhatsu* bekannten Bettelngehens. Er klopfte mit seiner Reisschale in der Hand an die Tore und Türen seiner Nachbarschaft. Auf diese Weise empfing er von der Gemeinschaft seine Nahrung und gab sich dafür selbst. Eines Tages schrieb er nach der Rückkehr in seine Hütte: „In dieser einen Schüssel ist der Reis aus tausend Haushalten." Auch wenn man einen Topf Gemüsesuppe zubereitet, ist darin „Gemüse aus tausend Haushalten". Sie stehen am Ende einer langen Linie, die Sie mit den Menschen verbindet, die das Gemüse angebaut und die die Straßen angelegt haben, auf denen es zu Ihnen kam. Sie zehren von der Arbeit derer, die Teller und Besteck und den Herd hergestellt haben. Man könnte diese Liste fast endlos ausweiten. Und die Suppe selbst, die Sie essen, nährt nicht nur Sie und Ihre Tischgenossen, sondern auch alle, denen Sie noch begegnen werden. Suzuki Roshi sagte: „Wenn man Speise zubereitet, hat man nicht nur für sich und die anderen zu tun, sondern mit allem."

Das Auftragen und Essen der Mahlzeit

Eine Studie hat ergeben, dass viele Menschen, wenn sie eine Einladung zum Essen geben, das gleiche Maß an Stress empfinden, wie wenn sie ihre Steuererklärung ausfüllen. Dieser Stress ist hauptsächlich von der Angst verursacht, bei anderen einen schlechten Eindruck zu machen. Bei den meisten anderen Lebewesen steht diese Angst, von anderen beurteilt zu werden, nicht im Vordergrund. Wir Menschen kommen uns vor, als werde unser Ich ständig in Frage gestellt. Die Schutz- und Abwehrmanöver dagegen kosten einen guten Teil unserer Zeit und veranlassen uns, eine Menge Geld auszugeben, um unsere eigenen schlimmsten Befürchtungen zu besänftigen. Wir versuchen, uns selbst – das eigene Aussehen, Auftreten, die häusliche Umgebung – in Szene zu setzen, um andere zu beeindrucken. Und offensichtlich haben nicht wenige regelrecht Angst davor, andere könnten sie unerwartet besuchen und dann womöglich irgendetwas Nachteiliges entdecken.

Den Zen-Meister Joshu fragte ein Schüler: „Welche Taten sollte ein Mönch verrichten?" Joshu gab zur Antwort: „Taten der inneren Freiheit von Taten." Damit wies Joshu seinen Schüler nicht an, alle Taten bleiben zu lassen. Auch gab er ihm nicht die Anweisung, nicht mehr sorgfältig darauf zu achten, wie er etwas tue. Vielmehr sagte er, er solle einfach weitermachen, ohne zu versuchen, großes Verdienst anzuhäufen, ohne zwischen angenehmen und unangenehmen Taten zu unterscheiden und ohne sich darum zu sorgen, was dabei herauskommen werde. Wenn wir immer unser Bestes tun, ist das alles, was wir tun können.

Der Akt, anderen eine Speise zuzubereiten und zu servieren, hat in besonders starkem Maß mit Geben und Nähe zu tun. Sie teilen mit anderen Nahrung, Ihr Leben, Ihre Zeit und Ihre Erfahrung. Diese Art des Gebens ist jenseits aller äußeren Anerkennung. Sie ist in sich selbst vollkommen. Sie trägt ihren Lohn in sich.

In vielen Tempeln und Zen-Zentren wird vor den Mahlzeiten allen Buddhas, hungrigen Geistern, Tieren und Lebewesen anderer Bereiche Speise dargeboten. Diese kleinen Opfergaben sind als *saba* oder Opfer an die Geister bekannt. Man bringt sie in großer Lauterkeit dar, ohne jede Erwartung auf Anerkennung. Man stellt sie sorgfältig hin, so als setze man sie geschätzten Gästen vor. Es gibt ein altes *senryu* (eine Gedichtform, die mit dem *haiku* verwandt ist), in dem es heißt: „Der neue Priester, verantwortlich für das Geld, achtet besonders sorgfältig auf die Speise, die man den Buddhas darbringt."

Außerhalb der Zen-Stätten und Wohnungen befinden wir uns dagegen in der Welt der minutenschnellen Imbisse. Die Werbung rühmt das Tempo, in dem eine „herzhafte Mahlzeit" zubereitet und weggeputzt werden kann. In den Fast-Food-Restaurants schlingen wir unsere Nahrung hinunter und schielen dabei auf die riesigen Abbildungen anderer Mahlzeiten, so dass wir das eine essen und schon wieder auf etwas anderes Lust haben. Es ist eindrucksvoll, mit welcher Kunst man hier Menschen konditioniert und vermarktet. Zugleich macht es anschaulich, was wir in unserem Leben ändern sollten. Im Grunde wissen wir es ja: Wenn wir etwas haben, zugleich aber etwas ganz anderes haben wollen, haben wir keines von beidem wirklich. Also noch einmal: Der Bezug zum eigentlichen Akt des Essens ist uns verloren gegangen. Daheim sehen wir während des Essens fern. Wir suchen dabei die Zerstreuung. Wir brauchen während dieses unmittelbaren, lebenserhaltenden Tuns Unterhaltung oder müssen davon abgelenkt werden.

Beim Zen-Üben gibt es einen formellen Stil der Einnahme von Mahlzeiten namens *oryoki*. Dabei wird das Essen auf das Allerwesentlichste reduziert. Alles Erforderliche wird in einem kleinen, kompakten Päckchen verwahrt; einige kleine Schalen, die ineinander passen, einfaches Besteck zum Essen und Reinigen der Schalen und einige Stofftüchlein sind alles, was man braucht. Die ritualisierten Formen der Entgegennahme der Speise, des Essens und des Reinigens werden seit Jahrhunderten von den Lehrern an die Schüler weitergegeben. Alle Bewegungen sind dabei sorgfältig und einfach. So können die Übenden ihre gesamte Aufmerksamkeit auf den Akt der gemeinsamen Mahlzeit richten. Es bedarf einer gewissen Konzentration, um auf diese Weise essen zu können. Dabei soll sich nichts zwischen die Speise und den Akt des Essens schieben. Die Übenden bringen allen denjenigen ihre Dankbarkeit zum Ausdruck, die diese Speisen angebaut, geerntet und zu ihrem

Wohl zubereitet haben sowie denen, die sie ihnen reichen. Sie werden die große Mehrheit der Menschen, auf die sich das bezieht, nie kennen lernen: diejenigen, die die Aussaat besorgten, sich um die Bewässerung kümmerten usw. Die Nahrungsmittel selbst sind von Generation zu Generation gewachsen und gereift. Es gibt dazu im Buddhismus den folgenden Text für den Speisesaal:

Unzählige Mühen brachten uns diese Nahrung.
Denkt daran, wie sie bis zu uns gelangt sind.
Beim Empfang dieser Gaben lasst uns bedenken:
Haben wir sie mit unserer Tugend und Übung verdient?
Wir trachten nach der natürlichen Ordnung des Geistes.
So lasst uns frei sein von Gier, Hass und Trug.
Wir essen, um das Leben zu fördern
Und den Weg des Buddha zu üben.

Vielleicht wollen Sie diese Art der Konzentration und Übung in Ihr Alltagsleben integrieren. So achten Sie darauf, dass Sie an Ihrem Platz im Restaurant voll und bewusst anwesend sind. Denken Sie an die Mühe, die für die Zubereitung Ihres Gerichts aufgewendet wurde sowie an alle diejenigen, dank derer es zustande gekommen ist. Sie könnten sogar ein kleines Stück Tomate oder Weißbrot als Gabe an die Buddhas oder Ihre Eltern oder an alle Lebewesen, denen es an ausreichender Nahrung mangelt, beiseite legen. Auf diese Weise können Sie damit anfangen, Ihre Mahlzeit und Ihr Mitempfinden mit anderen zu teilen.

Wenn Sie nach besten Kräften Gästen oder sich selbst eine Mahlzeit zubereiten, ist das eine in sich vollständige und großzügige Handlung. Versuchen Sie, sich keine Sorgen darüber zu machen, wie das bei den anderen ankommt. Solange Sie nicht von Berufs wegen in der Küche stehen, bereiten Sie Ihre Gerichte für Gäste, die Ihre Freunde sind und nicht für ein kritisches Gutachterkomitee. Dogen sagte: „Etwas von dir selbst anderen zu geben, ist ein Geschenk von unbezahlbarem Wert. Du solltest das sogar dann tun, wenn es kein anderer sieht."

Das Innen und Außen
von Töpfen und Pfannen

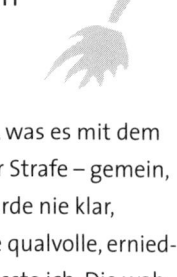

Schon als Kind wusste ich genau, was es mit dem Spülen auf sich hatte. Spülen war Strafe – gemein, eine Qual und ungerecht. Mir wurde nie klar, warum immer gerade mich diese qualvolle, erniedrigende Pflicht traf. Nur eines wusste ich: Die wahren Helden dieser Welt würden sich nie zu solchen Dingen herablassen. Während ich mit den Händen im schmutzigen Spülwasser rührte, beneidete ich die reichen Kinder der Privilegierten, die, so stellte ich mir vor, abends ihr Geschirr wegwarfen und morgens neues aus dem Schrank nahmen. Ich verbrachte Stunden damit, meiner Mutter plausibel zu machen, unsere ganze Familie könne durchaus sehr gesund nur von Broten leben. So würde das Geschirr nie mehr schmutzig.

Doch nach und nach änderte ich meine Ansicht. Ich spüle immer noch nicht mit Begeisterung ab, aber ich habe angefangen zu bejahen, dass Spülen notwendig ist. Ja, in den letzten Jahren merke ich sogar, dass ich diese beruhigende, heilsame Tätigkeit gar nicht mehr ganz so schlecht finde. Es gibt nichts Einfacheres, Direkteres oder Befriedigenderes, als sich voll und ganz auf den Akt der Sorge um etwas einzulassen. Ob Sie nun für einen anderen Menschen sorgen, für eine Kaffeekanne oder für das Manuskript einer Klaviersonate, Sie können in jedem Fall Ihr ganzes Herz einsetzen. Wenn Sie sich dabei auch nur ein wenig heraushalten oder den geringsten Schimmer Abneigung hegen, stellen Sie sich damit selbst ein Bein. Ihnen kommt dann alles Tun immer irgendwie halbfertig vor und Sie haben keine Freude daran. Das zehrt an Ihrer Energie und Ihrem Geist.

Zu dem geheimnisvollsten Dingen auf der Welt gehört die Zen-Praxis. Wenn Sie das Frühstücksgeschirr spülen, ist es gar nicht nötig, dass Sie überhaupt an Zen denken. Tauchen Sie einfach Ihre Hände ins Wasser. Sie brauchen weder das geheimnisvolle sich Vermischen von Luft und Wasser zu meditieren noch den relativen Wert der Energieumwandlung noch die Leere der Tassen und Unterteller oder die unglaubliche Klebequalität von Marmelade. Die Einfachheit dieser Situation ist gut in der folgender Szene zusammengefasst:

Der Zen-Meister fragte seinen Schüler: „Hast du deinen Reis gegessen?"

„Ja."

„Dann spüle deine Schale."

Wie bei den meisten Dingen ist es auch hier hilfreich, wenn Sie ganz auf das eingestimmt bleiben, was Sie tun. Es ist so leicht, den Geist abschweifen zu lassen und an das gute Essen zu denken, das Sie gerade erst genossen haben oder sich irgendwelche kommende Ereignisse auszumalen. Aber alles, was Sie tun müssen, um Ihr Leben ganz werden zu lassen und dem Geheimnis der Zen-Übung auf den Grund zu kommen, besteht darin, genau in diesem Augenblick nicht anderes zu tun als zu spülen. Das ist es. Spülen Sie das Geschirr. Seien Sie ganz Spülender. Nichts anderes. Halten Sie nichts zurück. Fühlen Sie die Wärme des Wassers. Achten Sie auf die Lichtreflexe auf den Oberflächen der Geschirrstücke. Fühlen Sie mit den Fingern die Flächen der Messerschneide, die Wölbung des Löffels, den Rand der Spülschüssel. Denken Sie an nichts anderes. Andere Gedanken sind nur Abschweifungen und Ablenkungen von dem, was Sie wirklich tun. Spülen Sie das Geschirr. Fühlen Sie, was Sie tatsächlich in den Händen halten. Fühlen Sie die pulsierende Energie Ihres Körpers beim Verrichten dieser Tätigkeit.

Das ist nicht Rinzai- oder Soto-Zen. Das ist „Tassen- und Teller-Zen". Nichts könnte natürlicher sein. Der Dichter Ryokan formulierte: „Das Geräusch, mit dem die Frau den Topf scheuert, verschmilzt mit dem Ruf des Frosches." Sie sind Teil eines größeren universellen Tuns. Ganz gleich, ob Sie nur eine einzige Tasse ausspülen oder sich durch einen hochgetürmten Haufen von Töpfen, Deckeln, Geschirr und Besteck arbeiten, Sie können diese Zeit genießen.

Achten Sie auf die unterschiedlichen Materialien, aus denen das Geschirr und die Geräte angefertigt sind: eiserne Tiegel, hölzerne Salatschüsseln, Plastikgriffe, Gummischaber, Geschirr aus Glas, Silber und Edelstahl. Konzentrieren Sie sich darauf, einfach jeden Löffel, jeden Teller abzuwaschen und zu spülen, und Sie fangen an, Ihren ganz eigenen Stil des Umgangs mit den Dingen zu entwickeln. Sie werden merken, dass langsam Ihre wahre Natur auftaucht. Sie werden Ihre einmalige Art entwickeln, Gegenstände zu halten, mit ihnen umzugehen und sie zusammenzufügen.

Wer eine Spülmaschine hat, kann dieser gelegentlich „Ferien" gönnen, um sein Geschirr beim Spülen von Hand wieder einmal richtig kennen zu lernen. Das Geschirrspülen bietet eine gute Möglichkeit zum Lernen. Man kann dabei sorgfältig auf alle Gegenstände, mit denen man tagtäglich umgeht, achten und die frisch gespülten Löffel und Teller wieder wohlbehalten in ihren Schubladen und Schränken verstauen. Man kann auch für das Spülbecken und die Ablagen sorgen, mit heißem Wasser den Ausguss klar spülen sowie den Schwämmen, Spüllappen und Abtrockentüchern die Gelegenheit verschaffen, in der frischen Luft zu trocknen. Wenn Sie nur einen einzigen Löffel abspülen und abtrocknen und ihm Ihre ganze Aufmerksamkeit schenken, bringen Sie Ihre Sorge für das gesamte Universum zum Ausdruck.

Es gibt nichts Wichtigeres als diese Art von Sorge für die Dinge. Auf diese Weise halten Sie die Achtung vor Ihrem eigenen Leben und die Ehrfurcht vor den kleinen Dingen wach, die es gewährleisten. Wenn Sie Ihre Schüssel spülen, spülen Sie alles. Wenn Sie sich voll und ganz in dieses Tun hineingeben, gibt es nichts, das nicht gespült würde.

Nach allem Gesagten müssten Sie jetzt eigentlich so weit sein, dass Sie die wahre Freude des

Geschirrspülens erfahren, die Ihnen so lange entgangen war. Vielleicht erhaschen Sie sogar, wenn Sie ein Geschirrstück spiegelblank polieren, gelegentlich einen Blick auf Ihr eigenes Lächeln.

Vom Umgang mit Ungebetenem und Unerwünschtem

Als ich eines Morgens die Kaffeemaschine angeworfen hatte, langte ich nach dem Küchenradio, um den Wetterbericht zu hören. Die Uhr zeigte fünf Uhr dreißig, und meine Augen fühlten sich noch an, als seien sie zusammengeklebt. Dennoch entging mir nicht die lange Karawane winziger Ameisen, die aus einer Ritze zwischen den Wandkacheln am Boden marschierten, das Elektrokabel hinaufwanderten und vorne am Radio durch eine kleine dekorative Öffnung im Inneren des Geräts verschwanden. Diese Ameisen waren die winzigsten, die ich je gesehen hatte. Und sie trugen noch winzigere Eier und Erdkrümel.

Ich erinnerte mich, dass ich als Junge zweimal versucht hatte, Ameisenkolonien aufzuziehen. Man konnte sie damals kaufen; in der Werbung dafür hieß es, das mache Spaß und sei pädagogisch wertvoll. Beide Male waren meine Zuchtversuche an kriegerischen Auseinandersetzungen, Hungerstreiks und verheerenden Strukturkrisen gescheitert. Es war nie gut gegangen. Und da stand ich nun als Erwachsener mit einer Horde Ameisen, die sich ganz freiwillig bei mir einquartierten, und zwar ausgerechnet in einem Gerät, das Neuigkeiten dröhnte, Werbespots brachte und die Brandenburgischen Konzerte abspielte.

Es kommt immer wieder einmal vor, dass unerwartet irgendwelche Dinge oder Wesen bei uns einrücken. Sie tauchen auf die unterschiedlichsten Weisen auf, und nicht immer ist klar, was sie nun eigentlich wollen oder vorhaben. Ob das eine Maus, eine Karawane von Insekten oder die Steuerfahndung ist – immer wieder gibt es Augenblicke in unserem Leben, in denen plötzlich ein unerwarteter Besucher vor uns steht. Wie wir mit solchen Überraschungen umgehen, kann uns neue Seiten von uns selbst zeigen. Es kann dazu beitragen, wie wir zu den Menschen werden, die wir in Zukunft sind.

Nachdem ich also gerade entdeckt hatte, dass sich eine stattliche Ameisenkolonie in meinem Radiogerät angesiedelt hatte, versuchte ich in aller Ruhe abzuwägen. Mir boten sich die folgenden Optionen: 1. das Gerät (die Kolonie) auf die Veranda auslagern; 2. die neuen Hausgenossen mit Insektenspray angreifen; 3. das Ganze als interessantes wissenschaftliches Projekt behandeln oder 4. dieses Faktum einfach ignorieren und hoffen, die Ameisen würden auch wieder verschwinden. Ich muss allerdings zugeben, dass ich mich eigentlich schon entschieden hatte. Mein Hang zur Neugier hatte den anfänglichen Unmut erstickt, den ich über diese unverschämte Invasion empfand. Ich wusste, dass ich ohne viel große Mühe die Ameisen vernichten und damit das Problem loswerden könnte. Ich konnte ihr Verhalten natürlich nicht genau kontrollieren; aber da sie kein ernsthaftes Gesundheitsproblem darstellten und sich vorläufig auf das Radio beschränkten, entschloss ich mich für die Option drei. Ich beschloss, ein Auge auf sie zu haben, herauszufinden, weshalb sie in meine Küche gekommen waren, ja vielleicht sogar zu entdecken, welche Musik sie besonders mochten. Spät, aber immerhin, bot sich mir hier jene Möglichkeit, die ich mir als Neunjähriger heiß gewünscht hatte.

So stellte ich also einige Monate lang ziemlich alberne Studien über das Kommen und Gehen der Ameisen an. Ich versicherte mich, dass sie keine weiteren Expeditionen in die Küche unternahmen, und wenn ich gerade einige Minuten nichts zu tun hatte, experimentierte ich mit unterschiedlichen Sendern und fuhr mit der Lautstärke herauf und herunter. Nichts schien sich sichtbar auf das Verhalten der winzigen Bewohner auszuwirken. Sie äußerten keine Beschwerde und zeigten keinerlei Veränderung in ihren Unternehmungen. Im Lauf der Zeit, so schien mir, ließ ihr hektisches Treiben etwas nach und ich schenkte ihnen immer weniger Aufmerksamkeit, bis ich einige Wochen später plötzlich feststellte, dass sie ausgezogen waren.

Ich habe nie herausgefunden, ob ihre Königin gestorben war oder sie der Umgebung überdrüssig geworden waren. Jedoch empfand ich tatsächlich etwas, was ich nie erwartet hätte: ein Gefühl des Verlustes. Mit fehlten ihre Gesellschaft, ihr Fleiß, ihr zielstrebiges Arbeiten und ihre Freiheit, sich von nichts beeindrucken zu lassen. Was immer sich in der Küche abspielte, nichts schien sich auf die konzentrierte Aktivität in ihrer Eigenwelt auszuwirken. Sie arbeiteten immer fleißig und gaben ihr Bestes.

Natürlich waren diese Ameisen nicht aus dem hehren Grund in mein Radio eingezogen, weil sie mir eine Lektion über die vergängliche Natur des Daseins beibringen wollten. Sie machten dies ohne Absicht. Das Radio war für mich danach nie mehr so wie früher, obwohl es funktionierte und aus seiner Besatzungszeit keinerlei Altlasten aufwies. Aber es kam mir jetzt wie eine leere Muschel am Strand vor, eine einsame Hinterlassenschaft, in der einst Leben gesteckt hatte und die jetzt nur noch eine hohle Hülle war.

Ich erzähle diese Geschichte nicht, weil ich es gut finden würde, alle möglichen Insekten und Kleinlebewesen in unseren Wohnungen als friedliche Mitbewohner zu akzeptieren. Wir müssen alles uns Mögliche zum Schutz unserer eigenen Gesundheit und derjenigen unserer Familie tun. Der Zen-Lehrer Robert Aitken lebt auf der „Großen Insel" Hawaii und hat oft davon gesprochen, dass es eine schwere Prüfung sei, ständig seine Unterkunft mit Schaben teilen zu müssen. Er hat sich jahrzehntelang mit diesem Problem auseinandergesetzt, aber jetzt bringt er sie um, sobald er sie entdeckt und wünscht ihnen dabei – aus buddhistischem Mitgefühl – „das nächste Mal mehr Glück".

Die meisten können ganz gut auf etwas Unangenehmes rasch reagieren. Schädlingen im Haushalt machen wir unverzüglich den Garaus und werfen alles Überflüssige gedankenlos in den

Müll. Doch der spontane Impuls ist nicht immer unsere einzige Möglichkeit. Zen sagt, dass sich nichts im Leben einfach abstoßen lässt. Es gibt keinen Abgrund, in dem man Ungeziefer, Müll oder unerwünschte Erfahrungen für immer verschwinden lassen kann. Wir können versuchen, alle diese Probleme zu bereinigen, nicht jedoch können wir sie wegwischen, als gebe es sie nicht.

Am Westufer von Staten Island gibt es eine Art Denkmal daran, wie gern die Menschen alles wegwerfen. Es handelt sich um einen als „Fresh Kills" bekannten, fast 200 Meter hohen und über 800 Hektar umfassenden Berg. Das ist der größte Auffüllplatz der Welt, den man sogar aus dem All mit bloßem Auge erkennen kann. Überall auf der Welt entstehen solche Berge. Obwohl alle Phänomene in endloser Abfolge entstehen und vergehen, wird es doch sehr lange dauern, bis solche Berge wieder ganz verschwinden.

Früher hatten die meisten Menschen bedeutend weniger Besitz als heute, und was sie besaßen, pflegten sie ganz anders als wir. Erst zu Anfang des 20. Jahrhunderts kam die Vorstellung auf, dass man Gegenstände einfach wegwerfen könne. Ausgelöst wurde dieser Wandel vor allem durch eine bestimmte Wirtschaftsstrategie. Männer wie K. C. Gillette entdeckten, dass sie bedeutend mehr Profit erzielen konnten, wenn sie ihre Kunden mit „Wegwerf"-Artikeln – wie etwa Rasierklingen – belieferten, statt ihnen etwas Dauerhaftes zu verkaufen. Heute gibt es Wegwerf-Essgeschirr, Wegwerf-Windeln, Wegwerf-Kameras, Wegwerf-Pinsel und vieles, was nicht als wertvoll genug erscheint, um es aufzubewahren und wieder zu verwenden. Wir benützen diese Dinge einmal und vergessen sie dann. Wir wissen nicht, woher sie kommen, und uns ist es egal, wohin sie gehen. Sie wandern alle auf den Berg.

Meistens scheinen wir gar kein Gespür dafür zu haben, wie würdelos die Verschwendung ist. Wir sind darauf abgerichtet, ständig nach Neuem zu greifen, es kurz zu gebrauchen und dann wegzuwerfen, statt das in Ordnung zu halten, was wir schon haben. Das kann sich sogar auf die Beziehung zu anderen Menschen ausweiten, auf unsere Einstellung zur Umwelt und auf unser Bild von uns selbst. Sobald etwas langweilig oder zu schwierig wird, versuchen wir es abzustoßen und so zu tun, als habe es das nie gegeben, und wir suchen unverzüglich etwas Besseres oder Aufregenderes. Wir wählen den leichten Weg, unsere

Schwierigkeiten einfach abzustreifen, statt von ihnen zu lernen. So werfen wir ständig noch mehr auf den Berg.

An jenem Morgen, an dem ich zum ersten Mal die Ameisen entdeckte, kam mir kurz der Gedanke, sie einfach auszurotten. Wären es mehr gewesen oder hätten sie sich an unsere Nahrungsmittel herangemacht, hätte ich es getan. Aber ich bin froh, dass ich diesem ersten Impuls nicht gefolgt bin. Es war eine Bereicherung für mich, sie eine Zeit lang beobachten zu können. Weil ich meine erste Reaktion noch einmal kurz überdachte, bot sich mir eine neue Möglichkeit. (Manchmal ist es klug, den Dingen von allein ihren Lauf zu lassen. Wenn man aber eingreifen möchte, ist es auch klug, zunächst kurz die Auswirkungen zu überlegen, die das eigene Tun auf einen selbst und andere haben wird.)

Im Vergleich mit etwas, das man mit bloßem Auge aus dem All erkennen kann, ist eine Ameise ungemein winzig. Aber selbst wenn wir ein so kleines Wesen unbedacht töten, werfen wir einen winzigen Teil unserer selbst über Bord. Wir schleudern wieder etwas mehr auf den bereits vorhandenen Berg.

Ewiger Winter, zeitloser Sommer: Kühlschrank und Herd

Wenn alles glatt läuft, gleicht der Kühlschrank ganz dem, was man sich unter dem vollkommenen Zen-Schüler vorstellt. Er ist ruhig, kühl und still und verfügt über sein eigenes inneres Licht.

Tatsächlich ist der Kühlschrank ein nobles, höchst verdienstvolles Gerät. Für viele von uns spielt er eine ungeheure Rolle. Er bietet Beständigkeit, Verlässlichkeit und lang dauernden Dienst. Selbst wenn man ihn mit Magneten bestückt, mit Merkzetteln voll klebt und seine Türen ungeduldig aufreißt und zuschlägt, hält er uns unerschütterlich Speisen bereit, die ohne ihn längst verdorben wären. Wenn wir Hunger haben, gehen wir an den Kühlschrank. So weit, so gut. Aber verschwenden wir abgesehen davon an dieses Gerät auch nur einen weiteren Gedanken? Wie so vieles andere halten wir den Kühlschrank für ganz selbstverständlich.

Dogen sagte einmal: „Die Tätigkeiten im Haus gehen stetig dahin; nur Frühjahr, Herbst, Winter und Sommer färben sie leicht." Die kommenden und gehenden Jahreszeiten verleihen unseren Orten ihr jeweils eigenes Licht und Aussehen. Aber an diesem Ort herrscht immer Winter. Der Kühlschrank hat noch eine weitere faszinierende Fähigkeit: Er verwendet Hitze und Energie und macht daraus Kühle. In den buddhistischen Texten über die Nichtdualität wird dieser scheinbare Widerspruch erörtert: Es gibt kein Licht ohne Finsternis und keine Kälte ohne Hitze. Genau wie manche Gegenstände im Haus gelegentlich erhitzt werden müssen, bedürfen sie zuweilen auch der Kühlung. Kühle Temperatur ist eine der schonendsten und einfachsten Formen der Konservierung von Nahrungsmitteln.

Obwohl ungemein wertvoll, braucht Ihr Kühlschrank keine besonders aufwendige Pflege. Sie müssen lediglich ab und zu den Griff reinigen und die Außenflächen mit einem feuchten Lappen abreiben. In größeren Abständen säubern Sie dann noch die Rückseite, wischen aus dem Inneren heraus, was Sie eventuell verschüttet haben und entfernen Waren, die nicht mehr hineingehören. Viel mehr ist nicht nötig. Während Sie diese minimale Reinigungsarbeit verrichten, können Sie vielleicht einen Augenblick an den Dichter Shinkei

(1406–1475) denken, der äußerte, nirgendwo auf der Welt gebe es etwas Schöneres oder Erleseneres als Eis.

Während der ganzen Geschichte des Zen wurden in vielen Schriften die Unterschiede zwischen Eis und Wasser (also zwei verschiedenen Zuständen ein und derselben Substanz) erörtert, oder es wurde versucht, den Ort im eigenen Leben zu finden, an dem es weder Hitze noch Kälte gibt. Außerdem sind viele Geschichten von Mönchen überliefert, die im strömenden Regen oder wirbelnden Schnee vor ihren Hütten oder Tempeln im *zazen* saßen. Das Gefühl der Ruhe, die einem gelegentlich während der Meditation zuteil wird, wird auch mit dem fallenden Schnee verglichen. Ein anderer Dichter, Socho (im 15./16. Jh.), verglich einmal die erleuchtenden Eigenschaften dieser Art von Schnee mit denjenigen des eiskalten Mondlichts.

Wenn der Kühlschrank der Ort in einer Wohnung ist, der den ewigen Winter birgt, so ist der Herd die Quelle des immer währenden Sommers. Er bietet Wärme und Wohlsein. Er ist ein Ort der Umwandlung, denn er wandelt die Rohmaterialien von Hefe und Mehl, Fleisch, Gemüse und Flüssigkeit in etwas ganz anderes um. Wir sind immer gespannt darauf, was schließlich aus dem Herd herauskommt. Und immer wieder staunen wir, wenn alles tatsächlich so wie erwartet funktioniert hat. Oft bleibt beim Backen und Kochen ein Rest von Unverfügbarem im Spiel. Wir vertrauen nicht vollkommen darauf, dass unsere Zutaten tatsächlich genau wie vorgesehen wirken. Und trotzdem trauen wir es ihnen zu. In den meisten Fällen dürfen wir uns tatsächlich über das Ergebnis freuen. Der Herd ist ein gutes Beispiel für kontrollierte Energie; er gibt uns die Möglichkeit, angenehme, gut schmeckende Speisen zuzubereiten. Suzuki Roshi sagte, um wirklich gutes Brot backen zu können, müssten wir so lange Brot backen, bis wir selbst Brot werden. Wir müssen uns selbst in den Herd hineingeben, genau wie in alles andere, das wir tun. Erst dann wissen wir wirklich, was Brot ist und was wir sind.

Neulich steckte ich mich buchstäblich selbst in den Herd, als ich mich an die fürchterliche Aufgabe machte, ihn gründlich zu reinigen. Mich überfiel der Gedanke, dass man dabei buchstäblich den Kopf in die Hölle stecken kann. Der einzige Unterschied schien mir darin zu bestehen, dass die Hitze gerade abgeschaltet war. Vor mir tat sich ein gähnendes, schwarz verkrustetes Loch auf, das all das barg, was übrig geblieben war von den Broten, Topfgerichten, Obstkuchen, Käseaufläufen, blubbernden Soßen, spritzendem Olivenöl und zahllosen Gerichten, die darin unzählige Male erhitzt und aufgewärmt worden waren. Dieser Rest war leblos, kalt, verkohlt und abstoßend. Er schien mir zu widerstehen, gab sich stur und alles andere als freundlich.

So holte ich mir alte Zeitungen, Handschuhe, Messer, Meisel, Stahlwolle und Lappen und breitete alles vor mir auf dem Boden aus. Dann dachte ich an Soko, einen der vielen japanischen Tempelgötter, der als Küchengott für den Herd zuständig ist. Er hat die Aufgabe, für einen sicheren Verlauf der Arbeit am Herd zu sorgen und Katastrophen abzuwenden, die gelegentlich auftauchen, wenn jemand ahnungslos in seinem Bereich kratzt und scheuert.

So fühlte ich mich einigermaßen vor zornigen übernatürlichen Mächten beschützt und begann, die Schienen und Wände zu säubern, bis ich in die finsteren Ecken vorstieß. Während ich so die verkohlten Schichten ablöste, versuchte ich mir vorzustellen, wie das Leben ohne diesen Herd wäre. Schon bevor die Menschen ihre ersten Häuser bauten, waren sie mit dem Feuer vertraut geworden. Ihre Wohnstatt war beweglich; sie war immer dort, wo das Lagerfeuer brannte. Die Menschen waren auf das Feuer angewiesen, um zu kochen und sich zu schützen und zu wärmen. Zudem spielte das Feuer eine wichtige Rolle als Freund und Gefährte. Als die Menschen schließlich neue Materialien und Techniken entdeckten und verfeinerten, mussten sie nicht mehr mühsam nach Feuerholz suchen, um ihr Brot zu backen.

Sie sind vielleicht jemand, der seinen Herd nach jedem Gebrauch sofort blitzblank putzt. So bin ich nicht. Ich verschiebe das Herdputzen auf ganz besondere Termine, etwa auf jedes Schaltjahr oder so. Aber wenn ich ihn putze, dann versuche ich, es gründlich zu tun.

Wenn Sie Ihren Herd reinigen, lassen Sie sich am besten dafür Zeit, damit Sie alle seine Oberflächen und Innereien genau kennen lernen können. Beim Putzen seiner Oberseite können Sie die perfekten Kreise der Brennschlangen betrachten, die Vergänglichkeit der Flamme, die Entfernung des Dampfes durch den Abzug sowie die Art, wie im Lauf der Zeit aus Warmem wieder Kaltes wird. Sie können sich mit der Frage befassen, was ein Herd in Wirklichkeit ist und wie er hierher kam; Sie können darüber nachdenken, auf welche Weisen Ihr Leben mit der Natur verbunden ist, wie viele unzählbare Elemente zusammenwirken, damit Sie leben können, von den Erzen aus den Tiefen der Erde, aus denen Ihr Herd hergestellt ist, bis zur Elektrizität oder dem Gas, womit er betrieben wird.

Während Sie umgeben von Zeitungspapier und Lappen und mit Ruß verschmiert auf dem Boden knien, bietet sich Ihnen die beste Gelegenheit, direkt einer Wirklichkeit zu begegnen, die zahllose Erhitzungen überstanden und unzählige dampfende Speisen erlebt hat; es ist der Ort in Ihrer Wohnung, der die extremsten Bedingungen ausgehalten hat. Sie können sich den Ruß aus dem Gesicht wischen, Ihre wund gescheuerten Knöchel küssen und sich weiter durch die Schwärze scheuern. Sie können den wahren Sinn des Wortes Selbstreinigung bedenken.

Manche Zen-Lehrer beschreiben die Vergangenheit als Asche, die Zukunft als Brennstoff und den gegenwärtigen Augenblick als Feuer. Die großen Meister wie Dogen Zenji legten Wert auf die Feststellung, dass diese drei nicht voneinander getrennt sind. Es gibt keine Trennung zwischen Vergangenheit, Gegenwart und Zukunft. Auch Feuerholz und Asche sind nichts völlig Getrenntes. Jeder Gegenstand ist genau in diesem Augenblick in sich vollständig. Takeda Shingen, ein Zen-Übender im 16. Jahrhundert, verglich das Leben des Menschen mit „einer Schneeflocke auf einem glühenden Ofen". Und sein Lehrer Kwaisen sagte: „Wenn du friedlich meditieren willst, musst du nicht dorthin gehen, wo Berge ragen und Flüsse rauschen. Sind deine Gedanken still, so empfindest du sogar dein Herdfeuer als kühl und erfrischend." Heutige Zen-Lehrer vergleichen ihre Schüler gern mit dem Feuerholz und erklären, die bereits seit einiger Zeit getrockneten Schüler könnten den neueren, noch grüneren helfen, sich für ihre Übung zu erwärmen. (Natürlich stimmt es genauso, dass die Neuen den Älteren helfen. Sie haben begeisterte Fragen und frische Energie.)

Es gibt viele Arten von Hitze und viele Formen des Brennens. Holz brennt; Propangas brennt; Kohlen brennen. Der Brennpunkt in der Mitte eines Solarherds brennt, genau wie der Kern der Erde, auf der wir leben, brennt. Unsere eigenen Körper verbrennen Energiekalorien, um sich gesund im Dasein zu erhalten. Manchmal brennen wir vor Fieber oder Wut. Wenn wir es für angemessen halten, brennen wir Weihrauch ab. Und die Körper vieler Menschen werden nach dem Tode verbrannt.

In dieser Vielzahl von Arten, wie wir selbst und die uns umgebende Welt brennen, können wir eine allem zugrunde liegende Einheit suchen und auch finden. In der jahrhundertealten, als *Zenrin Segoshu* bekannten Schriftensammlung heißt es, alle einzelnen Stücke des zerbrochenen und brennenden Holzes wiesen eine unbegrenzte Zahl von Formen auf, der Rauch jedoch, der aus ihnen aufsteige, habe bei allen die gleiche Form. Will man diese bei allen „gleiche Form" verstehen und sogar „sein Herdfeuer als kühl und erfrischend" empfinden, so ist es hilfreich, sich in Ruhe auf die Stille zu besinnen, die im eigenen Tun steckt. Man kann schon dadurch kühle Entschlossenheit erfahren, dass man seinen Kamin reinigt, die Asche entfernt, Abzüge und Ofenrost sauber hält und Energie spart.

Es ist nie zu spät, mit dieser Übung anzufangen. Manchmal treibt sogar Feuerholz frische Zweige, obwohl es bereits zersägt und auf den Haufen geschichtet ist.

DRITTER TEIL
Schlafzimmer, Bad und Toilette

An diesem Aprilmorgen
   scheint selbst der Schatten des Wasserhahns
               wie eine Blume zu blühen.

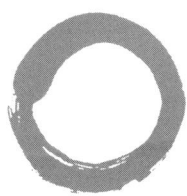

Von der Vielseitigkeit des Wassers

Alles Leben hängt ganz wesentlich vom Wasser ab. Wasser ist ein Hauptbestandteil des menschlichen Körpers; unser Planet ist zum größten Teil mit Wasser bedeckt. Ohne Wasser würde alles Leben aufhören. Doch viele Menschen halten diesen wunderbaren Grundstoff für selbstverständlich und nehmen vom Wasser nicht mehr wahr, als dass es zuweilen ziemlich heiß oder ziemlich kalt ist. Die meisten haben nie etwas mit der Verlegung oder Wartung einer Wasserleitung zu tun; wir drehen einfach gedankenlos den Hahn auf, und normalerweise kommt das Wasser wie von allein. Gelegentlich muss man einmal eine Dichtung erneuern, ein Gewinde anziehen oder einen verstopften Ausguss reinigen. Aber im Allgemeinen müssen wir uns nicht groß den Kopf zerbrechen über das geheimnisvolle System aus Druckgefälle, Rohren, Gelenken, Hähnen, Abflüssen, Boilern, Mischreglern, Duschköpfen, Überläufen, Filtern, Schrauben und Muttern, Stöpseln, Rückhaltetanks, Desinfektionssystemen, Pumpen, Wannen und Ausgüssen. Doch könnte es ganz gut tun, sich gelegentlich wenigstens ein Stück dieser hoch komplexen Anlage vor Augen zu führen und über unsere Beziehung und Abhängigkeit vom Wasser nachzudenken.

Dogen sagt: „Alle Ströme fließen aus ein und derselben Quelle." Die Wissenschaft hat gezeigt, dass der Gesamtbestand an Wasser auf der Welt immer gleich bleibt (er soll rund 1,5 Milliarden Kubikkilometer betragen). Das heißt, das Wasser, das wir heute verwenden, war seit den Anfängen unseres Planeten schon immer im natürlichen Kreislauf von Verdunstung, Filterung, Kondensation, Regen und so fort. Für unser Leben sind Luft und Wasser die beiden unverzichtbarsten Elemente, und doch halten wir sie für völlig selbstverständlich. Zum Glück gibt es genügend Menschen, die über deren Qualität und die Versorgung wachen.

Als D. H. Lawrence in den trockenen Südwesten der USA zog, dachte er ziemlich viel darüber nach und schrieb: „Wasser, H_2O, besteht aus zwei Wasserstoffatomen und einem Sauerstoffatom. Aber es kommt noch ein Drittes dazu, das aus diesen Atomen Wasser werden lässt, und was das ist, weiß niemand."

Zen-Lehrer wandten ihre Aufmerksamkeit schon immer den Eigenschaften des Wassers zu. In den größeren Tempeln Japans gab es immer jemanden, der als der *suiju* bezeichnet wurde, der Verwalter des Wassers. Genau wie gesunde Nahrung spielte auch gutes Wasser eine maßgebliche Rolle für die Gesundheit und das Wohlbefinden der Bewohner. Für das Wasser, das man zwischen zwei und vier Uhr morgens aus dem Brunnen schöpfte, gab es die besondere Bezeichnung *seikasui*; es galt als besonders rein und wurde anders als das übrige Wasser behandelt. Seine Beschaffenheit wurde aufmerksam überprüft.

Die Untersuchung des Wassers war zwar zu allen Zeiten wichtig und scheint doch unergründlich zu sein.

Wir beneiden das Wasser um seine Beweglichkeit und Freiheit und die Art, wie es alle Hindernisse umfließt und seinem natürlichen Weg folgt. In reinem Zustand hat es keine eigene Farbe. Es hat auch keine ihm eigene Form, sondern nimmt immer die Form dessen an, was es umgibt: in einem viereckigen Behälter ist es viereckig, in einem runden rund. Es hält zusammen, aber wenn man es in Dampf verwandelt, kann es sich über sich selbst erheben. Es ist kompakt und wird in gefrorenem Zustand hart wie irgend ein anderer fester Gegenstand. Dogen sagt, es sei die Heimat der Fische und auch der Drachen und es sei so frei, dass es von nichts anderem abhänge. Er rät, besonders darauf zu achten, wie es sich transportieren lässt und wie es sich in den unterschiedlichen Umständen verhält. Shunryu Suzuki Roshi wies seine Schüler immer wieder an, das Wasser als etwas Lebendiges zu behandeln, denn „auf das Wasser zu achten, ist Ausdruck der wahren Natur". Wenn man auf das Wasser genau achtet, beginnt man den Unterschied zwischen Stillstehen und Bewegung, zwischen Etwas und Nichts, Innen und Außen, Offenkundigem und Unscheinbarem zu begreifen. Man lernt etwas über das Zerfließen wie ein Strom, das Schwimmen mit der Flut und die Anwendung und die Auswirkungen von Druck.

Lernen Sie das Staunen über die umfangreichen Leitungssysteme und Verbindungskanäle, die Ihr Leben aus den Seen und Staubecken, Teichen und Wasserpfützen Ihrer eigenen Erfahrung bewässern und beleben. Lassen Sie es zu, dass Ihr Leben seine ihm naturgemäße eigene Gestalt und Farbe annimmt. Spüren Sie nach, wie es ist, wenn sie Ihre Energien und Gefühle ab- und dann wieder aufdrehen, wie Sie Ihre Bewegungen lenken und beherrschen, das gezeitengleiche An- und Abschwellen Ihrer Grenzen und Fähigkeiten und das regelmäßig auftauchende Wohlgefühl, wenn Sie sich Ihrer eigenen Stille überlassen.

Wer schon einmal eine Überschwemmung oder einen verheerenden Küstensturm erlebt hat, weiß, welche ungeheuer überwältigende Kraft das Wasser hat. Und jeder hat die kühl erfrischenden Nebel und sanften Dämpfe des Wassers verspürt, das Glitzern von Tautropfen und die leuchtenden Farben des Regenbogens. Im Wasser steckt eine unergründliche Weisheit; sie schimmert uns aus einem Regenbogen genauso entgegen wie aus einer Wasserlache, auf der ein in allen Farben schillernder Ölfilm schwimmt. Wasser scheint immer zu wissen, was es ist und wo es ist. Aus sich selbst bewegt es sich nicht und kommt doch überall hin. Es ist klar und spiegelt dennoch alles. Ein einziger Tropfen genügt, um den ganzen Mond aufzunehmen. Wenn wir genau hinsehen, können wir diesen Mond vielleicht sogar erkennen und auch noch vieles andere.

Die weniger beachteten Räume unseres Hauses

Bäder und Toiletten sind manchmal voneinander getrennt, manchmal auch in ein und demselben Raum. Klingt das nicht fast wie ein Zen-Spruch? Aber der Reihe nach. Bedenken wir zunächst etwas genauer Dusche und Bad. Fühlt sich nicht jeder Mensch nach einer Dusche oder einem Bad wohler als vorher? Immer ist man anschließend erfrischt und neu gestärkt.

Schon in den frühen Zen-Klöstern waren ausgiebige Badevorrichtungen vorgesehen, und man findet sie bis heute in Zen-Gemeinschaften, wo Schüler zusammenleben. Das Baden wurde immer als Notwendigkeit empfunden, nicht als Erholung oder Kurzfreizeit, und für die Verwendung des Bads gab es strenge Regeln.

Als man noch keine Handseife kannte, war höchste Sauberkeit nur mit kräftigem Schrubben zu erzielen und man hatte nur ein begrenztes Maß an heißem Wasser, alten Lappen und Bimsstein. Erst als die japanische Regierung erkannte, wie isoliert von der übrigen Welt die Nation geworden war und sich 1868 während der Restauration unter Meiji Tenno für den Handel mit der westlichen Welt öffnete, begann man, Handseife zu verwenden. Die Zen-Lehrer fanden, diese neue Seife eigne sich sehr gut für den Unterricht. Sie sagten: „Zen ist wie ein Stück Seife. Erst verwendest du sie, um dich damit zu reinigen, dann musst du sie wieder abspülen." Seife kann sich selbst wieder sauber machen und es liegt in ihrer Natur, im Lauf dieses Prozesses zu verschwinden.

Heutzutage verfügen die meisten über moderne Duschen und Badewannen. (Ein Freund von mir bezeichnete das einmal despektierlich als die Wahl, ob man sich unter einen Wasserfall stellen oder in seiner eigenen Brühe schmoren wolle.) Ob man sich nun für die eine oder die andere Möglichkeit entscheidet, jedenfalls steht früher oder später immer wieder an, dass man den Staub der Welt abwäscht und sich vor sich selbst so offenbart, wie man ist.

Ganz anregend ist es, sich etwas genauer anzusehen, welches Verhältnis andere zum Wasser und zum Baden haben: Obdachlose suchen dauernd nach Wasser; gesunde Tiere und Kinder plantschen mit Wonne im Wasser; die Betreuer von Behinderten und Kranken baden die ihnen Anvertrauten behutsam. Es ist von Vorteil, Wannen und Becken, die Wände und Böden sorgfältig zu pflegen. Ist man fertig, sollte man die Armaturen trockenreiben, die Handtücher ordentlich aufhängen und sich vergewissern, dass kein Wasser mehr tröpfelt. Auf diese Weise sät man auch auf Kacheln und Porzellan Keime der Wertschätzung. Diese kleinen Einzelheiten können sehr bedeutsam sein. Bei diesen Tätigkeiten verbringt man Augenblicke des eigenen Lebens, sie sind erfüllte Zeit. Etwas wird dabei ganz und richtig, und man muss keinen zusätzlichen Glanz hinzufügen. (Das englische Wort für Glanz, *glamour*, soll aus dem alten Schottland kommen und ursprünglich bedeutet haben: „den Anschein von Schönheit haben, obwohl keine da ist".) Dank Seife und Wasser können wir alle jetzt wunderschön werden. Suzuki Roshi leitete seine Schüler immer an, für das Wasser dankbar zu sein. Er wies sie an: „Leert nach dem Waschen das Wasser zu eurem Körper her statt von ihm weg aus. Damit erweist ihr dem Wasser Ehrfurcht."

Im Jahre 1239 verfasste Dogen für seine Schüler ausdrückliche Anweisungen, wie sie sich baden, pflegen und die Waschräume und Toiletten des Klosters sauber halten sollten. Die Toilette am Tempel wurde als *Tosu* bezeichnet; die aufschlussreiche Abhandlung über ihre Instandhaltung trug den Titel „*Senjo*". Bei diesen Anweisungen erinnerte Dogen seine Jünger daran, dass „sogar der Buddha über eine Toilette verfügte". Das wollen manche Leute gar nicht wahrhaben.

Abendländer scheinen Toiletten immer als etwas Geheimes, als „stilles Örtchen", über das man am besten gar nicht spricht, betrachtet zu haben. Reden sie doch einmal davon, dann verwenden sie oft euphemistische Ausdrücke, wie sie auch reden, wenn sie von sexuellen Praktiken oder dem Sterben sprechen. Wenn ihnen schon das Reden über die Toilette so schwer fällt, wie schwer muss ihnen dann wohl erst das Reinigen fallen? In der Geschichte des Zen wurde das Reinigen der Toilette als sehr ehrenwerte Aufgabe betrachtet, die man oft älteren Schülern übertrug. Sie bekräftigte die Auffassung, dass es grundsätzliche keine unreinen Orte gebe und, wie Bodhidharma, der erste Patriarch des Zen in China, sagte, „das Universum eine unermessliche

Leere ist, die nichts Heiliges an sich hat." Es gibt keinen Ort, der anders als ein anderer wäre; keiner ist besser oder schlechter als alle anderen.

Die Toilette ist ein recht gutes Symbol für unsere Verfassung als Menschen. Zudem ist allen Lebewesen gemeinsam, dass sie Überflüssiges ausscheiden. Was wir zu uns nehmen, müssen wir verbrennen oder wieder von uns geben. Unser eigener Beitrag dazu besteht darin, klaren Geist zu bewahren und uns nicht selbst im Weg zu stehen. So einfach ist das.

Viele Menschen haben eine Abneigung dagegen, die Toilette zu reinigen. Wenn Sie dazu gehören, könnten Sie sich vielleicht einmal die folgenden Fragen stellen: Wie kam es dazu, dass ich diese Abneigung entwickelt habe? Gibt es dafür stichhaltige Gründe? Genaue Untersuchungen haben ergeben, dass der Bereich um die Küchenspüle viel mehr gefährliche Bakterien birgt als der Rand der durchschnittlichen Toilettenschüssel. Trotzdem ekelt es Sie vielleicht, sie zu reinigen. Versuchen Sie, an diese Arbeit mit einer anderen inneren Einstellung heranzugehen. Immerhin ist die Toilette ein hoch willkommener Ort, wenn man Bedarf danach hat. Sie brauchen sich nur einmal vorzustellen, wie

Ihr Leben wäre, wenn es sie nicht gäbe. Und wenn Sie sie dann das nächste Mal putzen müssen, versuchen Sie mit größerer Dankbarkeit an sie heranzugehen und sie als weniger selbstverständlich zu betrachten. Beim Sauberscheuern könnten Sie sich wünschen, alle Wesen möchten von Unreinheiten, Habgier, Wut und Täuschung frei werden. Sie könnten auch Ihre Dankbarkeit dafür zum Ausdruck bringen, dass Sie täglich die Nahrung bekommen, die Sie zum Leben brauchen; und die Dankbarkeit für Ihr ganzes inneres Körpersystem, das diese Nahrung verarbeitet und schließlich seine unverwertbaren Bestandteile herausfiltert, trennt und ausscheidet.

Zu alldem braucht man sehr wenig Zeit. Kümmern Sie sich zunächst um Toilettenpapier, Seife, Handtuch und Bürste. Dann schrubben Sie die Schüssel aus und wischen Sie Deckel und Sitz sauber. Schließlich spülen Sie das Waschbecken aus und wischen Sie es trocken. Indem Sie den Raum wieder sauber richten, machen Sie ihn angenehm für den nächsten, der ihn aufsucht, selbst wenn Sie allein wohnen. Wenn Sie Lust dazu haben, können Sie frische Blumen hinstellen oder ein Räucherstäbchen abbrennen.

Bei Alltagsverrichtungen dieser Art bietet sich die gute Möglichkeit, das einzuüben, was man auch als „Integrieren" bezeichnet. Gemeint ist damit, dass man seine tagtäglichen Arbeiten mit den Qualitäten des *zazen*, der Sitzmeditation, erfüllt.

Eine weitere Piste, auf der Sie mit dieser Praxis Ihre Erfahrungen machen können, ist die Waschküche. Genau wie ein Reiher sein Gefieder putzt oder eine Hauskatze in der Sonne ihren Pelz leckt, ist es uns ganz natürlich, dass wir die Kleider, die wir tragen, immer wieder reinigen und sauber herrichten. Heutzutage möchte fast niemand mehr seine Kleider auf Uferfelsen walken oder in der Küchenspüle auswringen. Sich um die Wäsche zu kümmern, kann eine sehr angenehme Erfahrung sein; hier hat man die Möglichkeit, das Gefühl des Erneuertwerdens zu genießen. Achten Sie genau auf die Wärme der Wäschestücke, die Sie aus dem Trockner nehmen, und auf das Gefühl jedes Stücks, wenn Sie es falten. Wenn Sie zum Trocknen eine Wäscheleine benutzen, können Sie auch bewusst die Wärme der Sonne und das Verdampfen der Feuchtigkeit in der Luft wahrnehmen. Riechen Sie die Frische der Wäschestücke, die Sie gewaschen haben. Achten Sie genau auf die Natur der

Einzeldinge vor Ihnen und denken Sie an die, die sie für Sie hergestellt und Ihnen besorgt haben.

Bei der formellen Zen-Praxis gibt es ausdrückliche Anweisungen, wie man seine Gewänder und sein Bettzeug pflegen soll. Jedes einzelne Wäschestück ist auf eine ganz bestimmte eigene Weise in die Hand zu nehmen, zu waschen und aufzubewahren. Die dabei vorgesehenen kleinen Rituale wurden über Jahrhunderte vom Lehrer zum Schüler weitergegeben und dienen einem doppelten Zweck: Sie gewährleisten, dass im Klosterbereich alles einheitlich und gleich gehandhabt wird, und sie leiten die Bewohner des Klosters an, sich auf das zu konzentrieren, was sie tun. Dabei geht es darum, nichts schnell zu machen, sondern vollständig.

Heute opfern wir viele Lebenserfahrungen dem Zweck, alles zu beschleunigen. Wir haben ständig zu wenig Zeit, ganz gleich, wie viel Zeit wir nun haben. Dauernd bereiten wir uns auf „etwas" weiteres vor, um es anzupacken. Was dieses „Etwas" ist, wissen wir oft gar nicht. Wir wissen nur, dass wir immer bereit stehen müssen und dass es am besten ist, möglichst schnell mit etwas fertig zu werden. Doch sobald wir einmal einen Schritt

zurücktreten und die Dinge etwas sorgfältiger betrachten, können wir uns die Fragen stellen, die
wirklich etwas für unser Leben erschließen.

Selbst vor den modernsten und glänzends-
ten Münzautomaten im Waschsalon kann man die
tiefgründigen Fragen und Lehren des Zen entdecken. Etwa: Wie lange hält etwas „Dauerge-
bügeltes"? Was für eine Botschaft vermittelt der
Automat an der Wand mit der Aufschrift „Geld-
wechsler"? Die sich drehenden Trommeln der
Wäschetrockner lassen sich als Gebetsmühlen
betrachten oder als Mühlen des Samsara, des endlosen Kreislaufs. Oder Sie können sich mit der
Frage beschäftigen, ob die Bleiche Weißes wirklich
weißer macht oder ob der „Schongang" bei der
Maschine tatsächlich mehr Mitgefühl auslöst. Und
was müssen Sie tun, wenn Ihre gesamte Wäschela-
dung „Übergewicht" hat?

Waschen Sie einfach Ihre Wäsche und versuchen Sie nicht, sich allzu sehr mit Ihrer eigenen
Kleidung zu identifizieren. Suzuki Roshi sagte, zuweilen sprächen wir über die Kleidung, die wir tragen, oder über unseren Körper, als seien das wir
selbst, was wir aber in Wirklichkeit gar nicht sind.
Wir sind „das große Tätigsein". Dieses große Tätig-

sein kann sich auch als kleines Tätigsein äußern. Es kann der abgefallene Knopf sein, der gegen das Tischbein hüpft. Es kann sich als Stopfen und Flicken von Kleidungsstücken verwirklichen, als Waschen der eigenen Arbeitskleidung oder als Geruch frisch gewaschener Socken, die man in eine Schublade einsortiert. Oft kann es auch etwas so Einfaches sein wie zu hören, wie ein Wassertropfen auf anderes Wasser aufschlägt.

Eine Welt voller Spiegel

Der früheste Spiegel bestand aus der ruhigen Oberfläche einer Wasserpfütze. Noch heute vergleichen Dichter zuweilen Glasspiegel mit vertikalen Wasseroberflächen. Für viele sind Spiegel unverzichtbar, weil sie darin ihren Zustand überprüfen und sich ihres Soseins in Raum und Zeit versichern müssen.

Die Zen-Lehrer haben den Spiegel immer als Bild für den erleuchteten Geist verwendet. Seine klare Oberfläche spiegelt ohne Verzerrung, Einmischung, Urteil oder Zögern wider, was sich ihm darbietet. Er erleuchtet alles, was man vor ihn hält, analysiert und bewertet aber nichts und sorgt sich um den Zustand von nichts. Er spiegelt einfach das Leben, wie es ist, ohne es einzufangen oder sich daran festzuhalten.

Ein Spiegel reflektiert Ihr eigenes Gesicht, jedoch nicht Ihre Gedanken. Suzuki Roshi sagte, unsere Augen könnten nur die Dinge außerhalb von uns sehen, die objektiven Dinge, und wenn wir zu viel unser Äußeres bespiegelten, höre dieses „Selbst" auf, unser wahres Selbst zu sein. Wenn wir dagegen mit unserem Geist und unserem Herz schauen, statt nur mit unseren Augen, entdecken wir den hellsten Spiegel. In ihm spiegelt sich tatsächlich alles.

Die Zahl der Spiegel, die Sie in Ihrem Haus angebracht haben, kann eventuell etwas über Ihren eigenen Charakter sagen. Eitle Menschen haben vielleicht fast an jeder Wand eine spiegelnde Fläche. Den meisten genügt jedoch ein einziger Spiegel. Wir verwenden ihn dazu, unser Äußeres zu richten und von Zeit zu Zeit einmal kurz hineinzuschauen. Für viele ist ein Spiegel nicht unbedingt lebensnotwendig, jedoch verzichten nur sehr wenige Menschen ganz auf ihn. Wir schauen uns offensichtlich ganz gern einmal selbst an und möchten wissen, wie wir in den Augen anderer aussehen. Nicht zufällig sind die Wände vieler Bars und Restaurants mit Spiegeln bestückt.

Es ist gut, sich immer wieder klar zu machen, dass diese Bilder nicht wirklich wir selbst sind. Sie sind nur Spiel des reflektierenden Lichts. Sie sind ein optischer Rückprall, ein visuelles Echo und nicht mehr. Der Dichter Yoka sagte: „Geist ist

Denken; Gegenstände werden vor ihn gehalten. Beides ist wie Zeichen auf der Oberfläche des Spiegels. Wird dieser Schmutz entfernt, beginnt das Licht zu strahlen. Geist und Gegenstände sind vergessen, die wahre Natur offenbart sich." Das Finden dieser wahren Natur, sei es durch bewusstes Bemühen oder Zufall, ist das letzte Ziel des Zen-Schülers. Wir versuchen, die Trugbilder wegzuwischen, die uns die Sicht auf unser wahres Selbst verstellen.

Wenn man sich in die Meditation einübt, öffnet man sich dafür, das zu sehen, was schon immer da war. Man übt es, sein „Selbst" nicht in die Dinge einzumischen, sondern direkt mit ihnen eins zu sein. Man versucht, ehrlich und einfühlsam, ohne Blenden oder Filter, alles anzusehen und seinen Weg mitten durch die Hindernisse zu gehen, ohne auf sie zu prallen oder an ihnen hängen zu bleiben. Vor allem versucht man, sich nicht länger selbst im Weg zu stehen.

Ich sah einmal, wie ein kleiner Singvogel aufgeregt immer wieder gegen eine dunkle Fensterscheibe prallte. Er verteidigte sein Territorium und kämpfte energisch gegen sein eigenes Spiegelbild. Immer wieder warf er sich gegen die Scheibe, bis er ganz erschöpft war. Menschen verhalten sich oft ganz ähnlich. Unsere eingebildeten Gedanken und irrationalen Ängste veranlassen uns zu selbstzerstörerischen Verhaltensweisen. Wir schaffen Phantasiegebilde, die manchen Romanschreiber in den Schatten stellen könnten. Wir machen es wie Alice im Wunderland, die durch den Spiegel schritt, und werden selbst zu all dem, was wir reflektiert sehen, statt zu dem, was wir wirklich sind.

Der Zen-Priester Shotetsu (14./15. Jh.) erzählte seinen Schülern oft, er habe immer dagegen anzukämpfen, nicht die Gedichte anderer Menschen zu verfassen. Der Spiegel erinnert uns daran, dass wir dagegen ankämpfen müssen, nicht das Leben eines anderen Menschen zu führen.

Die Pflege Ihrer Schlafstätte

Wir haben offenbar eine natürliche Neugier dafür, wie andere Leute schlafen. In Museen oder an historischen Stätten suchen wir Eindringlinge gern die Betten der Berühmten und sind dann davon ganz fasziniert. Tatsächlich ist es recht bewegend, solche Schlafstätten zu besichtigen, an denen sogar die mächtigsten Menschen ganz wehrlos, verwundbar und am meisten sie selbst wurden. In diesen Betten wurde schon seit langer Zeit nicht mehr geschlafen, aber immer noch haftet an ihnen ein Gefühl der Intimität und Unmittelbarkeit.

Wir alle haben unsere Ruheplätze, sei es in einem barocken Himmelbett oder in einem schmutzigen Schlafsack unter einer Autobahnbrücke. Schlafen gehört zu den Grundvollzügen des Lebens. Das Lotus Sutra, eine Abhandlung, die auf den Lehren des Buddha beruht, handelt vom Anbieten einer Bettstatt und dazu von Speisen, Medizin und Kleidung als einer der Vier Wahren Gaben, die man anderen zuwenden kann. Jemandem ein Bett zur Verfügung zu stellen, ist eines jener elementaren Geschenke, die einen Unterschied zwischen Leben und Tod ausmachen können.

Wenn man zu Bett geht, liefert man sich einer völlig neuen Umgebung aus, einem intimen Bereich, der die Möglichkeiten zum Ruhen, Lieben, Geborenwerden und Sterben bietet. Hier ist man im Höchstmaß verletzlich und wehrlos. Selbst wenn man mit jemandem zusammen schläft, zieht man sich zeitweise in sein eigenes Ich zurück. Das Bett wird zum Ort, an dem man vom Bewussten zum Unbewussten übergeht und dann wieder daraus zurückkehrt. Die Ränder des Betts sind die Umfassung des Schlafs. Man lässt alles los, was man kennt und vertraut darauf, dass man von einer höheren Macht bis zum Morgen sicher behütet und bewacht bleibt.

Als Junge fragte ich meine Mutter einmal: „Wie weit kann man eigentlich im Traum fortgehen, damit man bis zum Aufwachen immer wieder rechtzeitig zurück ist?" Das fanden meine Eltern ziemlich witzig und zitierten es immer wieder. Vielleicht war es aber schon ein Vorzeichen für mein späteres Interesse am Buddhismus? Buddhisten versuchen sich ständig verzweifelt und eifrig im

„Aufwachen". Es ist kein großer Trost, wenn man dann erfährt, Dogen habe einst gesagt: „Sogar im Schlaf geht unser Üben weiter."

Die Tempelpriester und Mönche hatten eine Vielzahl von Matten und Kissen – *zafus, futons, zabutons* und Ähnlichen –, um damit das „Zen des Sitzens und Hinliegens" zu üben. Die Wandermönche und Eremiten, die allein loszogen, betrachteten die gesamte Landschaft als ihre Wohnstatt. Sie sagten: „Der Stein ist mein Kopfkissen, der Himmel meine Zudecke." Sogar heute noch können wir den Ort, an dem wir schlafen, als eine Art Landschaft betrachten: Die Decke ist wie ein weites Feld, die Kissen türmen sich als Berge.

Wenn Sie die Bettwäsche und Decken lüften, könnten Sie sich dankbar des frischen Duftes und des Sonnenscheins bewusst werden. Wenn Sie Ihre Kopfkissen aufschütteln, versuchen Sie sich an die Träume zu erinnern, die auf ihnen geboren wurden. Und wenn Sie Ihre Decken falten, können Sie an die Gewänder der Wandermönche denken, die sich zum Schlafen in den Duft der Kiefern hüllten. Das Nähen dieser Gewänder wurde von einem Mönch als „das Zusammennähen von Wolken" beschrieben. Es beschreibt zutreffend, wie unser Leben zusammengefügt wird: Stück für Stück, immer ein Augenblick um den andern.

Wenn Sie Ihre Oberdecke glatt streichen, können Sie an die Welt im Wachzustand denken. Was heißt es, voll lebendig zu sein? Wie verändern Sie sich, wenn Sie sich bereit machen, hinauszugehen und anderen zu begegnen? Was lassen Sie hinter sich? Jetzt, wo Sie sich wieder ganz ins Leben hinaus begeben, kann Ihr Bett in sich selbst ruhen. Vielleicht können Sie ein Stück des Trostes, das es bietet, mit sich nehmen. Beim Verlassen Ihres Schlafzimmers könnten Sie ein kleines Dankopfer darbringen, ein *gassho*, indem Sie vor dem Gesicht die Handflächen aneinander legen und sich leicht verneigen. Wir sind ja alle sehr dankbar für diese Phase der Ruhe und Stille. Aber, wie Katagiri Roshi zu seinen Schülern sagte: „Jetzt ist es Zeit zum Aufwachen! Euer Leben muss in der wirklichen Erde wurzeln, nicht im Schlaf!"

VIERTER TEIL

Rund ums Haus

Dieser Tag Ende August –
        an ein und demselben Zweig
                tote und lebendige Blätter.

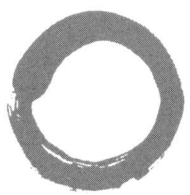

Laub kehren, Hecken scheren, Steine versetzen

Um von drinnen nach draußen zu gelangen, braucht man oft nur wenige Schritte. So ist es ganz natürlich, dass man das Kehren und Saubermachen im Außenbereich fortsetzt und Eingänge, Wege und den Gartenbereich sauber hält. In mancher Hinsicht besteht kaum ein Unterschied zwischen dem Kehren des Fußbodens und dem Rechen des Gartens. In vielen japanischen Zen-Tempeln folgt auf das Rechen das Kehren der Wege und Flächen mit speziellen Strohbesen. Die Lehrer in den Tempeln pflegen zu ihren Schülern zu sagen, das ganze Leben bestehe daraus, „den Garten sauber zu halten".

Doch es gibt auch leichte Unterschiede zwischen dem Kehren und Rechen, von offensichtlichen (das Kehren findet gewöhnlich innen im Haus statt, das Rechen draußen) bis zu subtileren (beim Kehren geht es mehr um das Entfernen, beim Rechen um die richtige Anordnung). Beide Tätigkeiten sind ganz wesentlich für die alltägliche Arbeit von

Zen-Schülern. Seit Jahrhunderten ist es die Aufgabe des *enju*, des Obergärtners, die Außenarbeit zu organisieren. Man gab sich immer peinliche Mühe, alles geordnet und gepflegt zu halten, doch sollte es nicht übermäßig gepflegt oder künstlich getrimmt wirken. Der Teemeister Rikyu (16. Jh.) sagte, wenn man Gäste erwarte, solle man einige Stunden vor ihrem Eintreffen das Laub wegkehren. Wenn dann danach noch Blätter herunterfielen, solle man sie liegen lassen. Nur ein unvollkommener Gastgeber entferne alle Blätter. Außerdem gab es Anleitungen, was man mit dem zusammengerechten Laub und den Steinen und Kieseln tun solle. Das Laub sollte als Kompost verwendet oder zum Erhitzen des Badewassers verfeuert werden. Steine und Kies sollten zur Einebnung des Bodens verwandt oder unter die Dachrinnen gekippt werden. Pflicht war es, nichts zu vergeuden und nichts wegzuwerfen. Zudem wurden die Schüler über die Unterschiede zwischen dem „Loslassen von Dingen" und dem Versuch, die unerwünschten Bestandteile ihres Lebens zu verbergen oder auszumerzen, unterwiesen.

Das Zusammenrechen von Herbstblättern hat etwas Frohes und zugleich Melancholisches an sich. Einerseits kann man es genießen, draußen in der frischen Luft zu sein, den Wind zu spüren und die Farben der Jahreszeit zu genießen, andererseits kann einen Traurigkeit überkommen, dass wieder ein Jahr zu Ende geht. Man wird lebhaft daran erinnert, dass alles in der Natur vergänglich ist.

Wenn Sie sich dem Rechen widmen, werden Sie wahrscheinlich merken, dass die Art Rechen, den Sie verwenden, sich auf Ihre Einstellung und Arbeitsweise auswirkt. Mit einem Eisenrechen werden Sie vermutlich etwas tiefer kratzen und unter die größeren Kiesel und Steine schürfen. Mit einem Bambusrechen dagegen werden Sie leichter über die Oberfläche streichen, sozusagen eher hüpfend und beschwingt. Das Gerät ist so lebendig, wie noch nicht einmal ein Besen. Allmählich werden Sie wahrscheinlich ein ganz neues Gefühl für das Sie umgebende Gelände gewinnen. Sie werden auch den Rechen als solchen deutlicher wahrnehmen und die Lücken, die er zwischen seinen Zähnen hat. Sie werden merken: Es liegt an diesen Leerstellen, dass man nicht mit einem einzigen Zug die ganze Arbeit tun kann. Dafür lässt sich jedoch manches viel besser greifen.

Mönche rechen auch dann den Garten, wenn es kein Laub wegzurechen gibt. In diesem

Fall rechen sie den Sand in den Steingärten zur Gestalt von Meereswellen. Außerdem rechen und säubern sie die Gartenbeete. Arbeit gibt es immer. Wird man unterbrochen, so kann man einen Blick in das spielerische Wesen der Natur tun. Wenn ein jäher Windstoß einen Laubhaufen verstreut, mag man sich zunächst darüber ärgern, bis einem aufgeht, dass der Wind eine eigene Art von Rechen ist und ebenfalls ein Geist, der nach seinem eigenen Geschmack die Dinge anzuordnen und zu verteilen versucht.

Ganz gleich, ob Sie nun im Garten arbeiten oder sonstigen Alltagsgeschäften nachgehen, ständig sind Sie mit Zurechtrücken, Stutzen, Anfassen, In-Form-Bringen und Umgehen mit vielen Dingen befasst. Vielleicht können Sie nur schwer einschätzen, wie weit Sie dabei gehen sollen. Wir alle sind zwischen den Extremen hin und her gerissen, entweder die Dinge genau zu ordnen oder sie sich selbst zu überlassen. Bei vielen Dingen fragen wir uns, ob sie ohne uns überhaupt zurechtkommen würden. So laufen wir meistens mit der Heckenschere durch die Gegend, schnipseln dieses und jenes weg und sagen uns dabei, dass wir ja nur hilfreich eingreifen wollen. Wir legen den Raum für andere genau fest und entfernen das, was uns nicht gefällt. Das muss nicht heißen, dass wir die Welt von Grund auf verändern wollten. Wir wollen sie nur ein wenig verbessern: etwa selbst ein paar Pfunde loswerden oder uns eine bestimmte Marotte abgewöhnen. Oder vielleicht wollen wir einem Freund helfen, seine Situation zu verbessern, oder im Leben unserer Kinder einiges in Ordnung bringen. Dieses ganze In-Form-Bringen und Kontrollieren kann sich jedoch auch negativ auswirken. Anders als jemand, der die Kunst des Bonsai-Gärtnerns beherrscht, stutzen wir vielleicht unbeabsichtigt viel natürliches Wachstum weg, bevor es sich überhaupt entfalten kann. Wir können durchaus Gefahr laufen, uns selbst viele unserer guten Eigenschaften abzuschneiden. Und andere schätzen es durchaus nicht immer, wenn wir uns in ihr Leben einmischen. Das meiste kommt wunderbar zurecht, ohne dass wir es zurechtlegen, eingreifen und daran herumpfuschen. Wir können es lernen, vieles einfach sein zu lassen. In einem alten Gedicht heißt es: „In der Frühlingslandschaft wachsen die Blütenzweige ganz von allein. Manche werden lang, andere kurz."

Seit der Mensch in die traditionelleren Methoden der Landwirtschaft nachhaltig eingegriffen und seine Wissenschaft zur Entwicklung vieler neuer Nutzpflanzen und Tiere eingesetzt hat, sind viele Lebewesen entstanden, die sich ohne unsere Hilfe nicht mehr vermehren oder auf einem unbearbeiteten Boden nicht leben können. Das ist genau genommen eine recht unfassliche Entwicklung. Wir sollten uns dringend die Frage stellen, ob das nun wirklich eine echte Verbesserung oder nicht eher eine Dummheit ist. Wie weit kann man mit dem Beschneiden gehen, bis man unmerklich auch sich selbst Stück für Stück abzuschneiden beginnt? Wie viel Herumgepfusche können die einzelnen Dinge vertragen, bis sie zu etwas völlig anderem werden?

Eines der Grundsymbole des Zen-Studiums ist der Vollmond. Dieser Mond symbolisiert die Erleuchtung. Wenn der Mond auf Gemälden oder anderen Kunstwerken dargestellt wird, sind ihm meistens einige Baum- oder Buschzweige beigegeben. Sie dienen zwei Absichten: Einmal helfen sie, den Mond (unsere klare Wahrnehmung) in die richtige Perspektive zu rücken, und zum andern erinnern sie daran, dass diese Wahrnehmung hier in der Erde verwurzelt ist und nicht isoliert oder in einem weit entfernten Raum stattfindet. Der Mond, der Zweig und wir selbst haben vieles gemeinsam. Wir alle wachsen ganz natürlich und zeigen darin Unterschiede: Manche sind groß, manche klein, manche hell, manche dunkel. Wir haben unsere ganz eigene Blütezeit. Zen-Lehrer sagen, es sei Unsinn, auf der Suche nach der Kirschblüte den Zweig aufzureißen. Alles erscheint zu seiner eigenen Zeit und an seinem eigenen Ort.

Wenn wir die Blätter und Zweige des Zen studieren, nehmen wir unser eigenes Urteil, unser eigenes ästhetisches Empfinden und unser eigenes Üben mit. Jedoch lernen wir zugleich auch, mit dem Manipulieren aufzuhören und lieber einfach alles „loszulassen". Statt uns immer wieder mit den Dingen zu beschäftigen, die wir nicht kontrollieren können, konzentrieren wir uns auf die Dinge, die tatsächlich unsere Aufmerksamkeit erfordern, uns anrufen und unsere Sorge verdienen. Es gibt einige Dinge, die man behutsam beschneiden, bündeln und entfernen muss. Aber wenn wir mit dieser Arbeit des Beschneidens fertig sind, kommt die Zeit, sich zu entspannen und die Zweige unseres Lebens zu genießen, die viele Knospen tragen, und dazu auch noch die hartnäckigen Wildkräuter und die Blumen, die von allein kommen und uns zunicken.

Was ist nun aber mit dem Rasen? Rasen können zum Problem werden. Auch wenn Sie keinen haben, können Sie sich mit dem „Koan des Rasens" befassen, mit der Frage: „Ist ein Rasen etwas ‚Natürliches' oder etwas ‚Unnatürliches'?" In Wirklichkeit ist mir in der gesamten Geschichte der Zen-Literatur noch nirgends das Wort *Rasen* begegnet. Mit dem *Gras* ist das ganz anders. Gras taucht überall in der Geschichte und den Lehrsätzen auf: grünes Gras, hohes Gras, Wintergras, ein Grashalm, Wildgras und unzählige andere Gräser. Nirgends allerdings findet sich etwas für Menschen, die ihren Rasen mähen. Das eheste, was ich diesbezüglich finden konnte, ist ein kurzes Gedicht von Konishi Raizan (1654–1716). Er schrieb: „Ich hebe auf und sammle / das frische Frühlingsgras / und werfe es wieder weg." Das klingt mir wie eine Tätigkeit, die gefährlich nahe ans Rasenmähen kommt. Das Rasenmähen wirft wichtige Fragen auf: Welche Gründe, Richtlinien und Gesetze gelten eigentlich beim Rasenmähen? Wer stellt die Maßstäbe auf? Steckt dahinter der soziale Druck, sich den anderen anzupassen? Tut das dem Gras gut?

Wenn Sie gerade wieder Ihren Rasen mähen wollen, könnten Sie vielleicht den *doji*, den Obergärtner der buddhistischen Tempelanlagen und Gebäude, zu Rate ziehen, um die Gründe und Techniken des Grassschneidens besser zu verstehen. Sie könnten sich selbst fragen: Inwiefern muss alles einheitlich sein und zusammenpassen? Worin besteht meine Aufgabe als Hüter und Pfleger der Natur? Sie könnten dabei ins Nachdenken darüber kommen, was es heißt, ein Feld so zu bewirtschaften, dass es keine Ernte bringt. Sie könnten auch mit ganz neuen Augen die Ränder und Kanten und Grenzen dieses Feldes sehen. Die Welt ist voller stehenden und fallenden Grases, voller unzähliger Dinge, die aufsprießen und dann vor unseren Augen wieder vergehen. Nur das Gras selbst weiß, wie grün es werden und wie hoch es wachsen kann. Im *Zenrin Segoshu*, einer Sammlung von Zen-Schriften aus dem 15. Jahrhundert, heißt es, selbst im Tautropfen an einem winzigen namenlosen Grashalm könne sich der Mond zeigen.

Wenn Sie Rasen mähen, so mähen Sie ihn mit jeder Faser Ihres Wesens. Horchen Sie auf das Geräusch des Mähers, riechen Sie das süße Aroma des frisch geschnittenen Grases in der Luft und sehen Sie zu, ob Sie nicht den Mond im Gras, das an Ihren Schuhen klebt, erkennen. Es gibt in unserem Leben viele Arten von Gras und der Mond kennt viele Weisen, sich zu zeigen.

Bei anderen Arbeiten ums Haus bekommen wir es vermutlich mit weniger gefügigen und nachsichtigen Elementen als Kräutern und Grashalmen zu tun.

Meine Frau und ich mussten vor einiger Zeit immer wieder unsere besondere Aufmerksamkeit einer Mauer zuwenden, die einen kleinen Winkel unseres Anwesens ziert. Diese nur knapp einen Meter hohe Mauer hatte der Vorbesitzer mit viel Liebe errichtet. Vermutlich hatte diese Aktion etliche Wochenenden in Anspruch genommen. Die Steine stammen eindeutig aus der nächsten Umgebung und sind von ziemlich schlechter Qualität: unbehauene Steinbrocken, graues formloses Geröll und Schutt. All das wurde mit einer großzügigen Ladung Beton zusammengehalten. Und tatsächlich hatte diese Konstruktion jahrelang durch alle Wechselfälle des Wetters den darüber befindlichen abschüssigen Hof vor dem Abrutschen bewahrt.

Aber nach und nach begann sich die Mauer zu neigen, zwar ganz langsam, aber wir merkten, dass sie sich vom Gelände ablöste. Sie ging leise auf Abstand, als wolle sie ausprobieren, was wohl passieren würde. Das ging ganz gewaltlos und behutsam vor sich, ohne Aufstand, ohne Ausschlag auf der Richter-Skala; es war ein gerade noch wahrnehmbares Sich-Abheben von der Umgebung, eine heimliche, stetige Bewegung in Richtung Alleinsein.

Wie meistens bei solchen Bewegungen wurde die Neigung allmählich deutlicher. Mochten nun unvernünftig starke Regenfälle oder eine heimliche Charakterschwäche der Mauer der Grund dafür sein, jedenfalls bog sich die Mauer vom Gelände wie im Abscheu immer weiter weg. Viele Monate lang beobachteten wir diese seltsame Entwicklung und hofften, sie werde von selbst wieder zum Stillstand kommen. Aber die Mauer neigte sich immer weiter, bis der Grad einer anmutigen Neigung überschritten war und die Schwerkraft dazu führte, dass ein kleines Stück von ihr herausbrach und in unsere Einfahrt fiel.

Während meine Frau und ich uns an die Aufgabe machten, dieses steinerne Bollwerk ab-

und neu aufzubauen, musste ich an die kleinen Meerwürmer denken, die sich ihr Haus in den Flachzonen der unweit unseres Wohnorts gelegenen Bucht von Tomales bauen. Diese kleinen, nicht mehr als fünf Zentimeter langen Würmer sind in jeder Hinsicht sehr außergewöhnlich. Sie beherrschen das Maurerhandwerk so exzellent wie sonst fast niemand.

Während wir uns abplagten, die Steine aus dem Griff steinharten Lehms und hartnäckigen Betons zu befreien, unterhielt ich meine Frau mit diesem Seewurm. Dieser Wurm baut sich aus Sandkörnern eine röhrenförmige Wohnung, die in einem schmalen, länglichen Kegel ausläuft, ganz gerade Außenwände hat und innen glatt wie Glas ist. Jedes Sandkorn passt nämlich ganz exakt an das andere und die Wand ist von Anfang bis Ende nur ein Sandkorn dick. Der Wurm muss bei seiner Arbeit etliches zurechtrücken und austauschen und neu wählen, bis sich alles ganz genau aneinander fügt; er muss die gröberen Teilchen genau einsetzen, jeden einzelnen Baustein auswählen und die ideale Verbindung von Linie und Facette, von Löchern, Buckeln und Vertiefungen finden. Nachdem er das Innere seiner zarten Hülle mehrmals abgerieben hat, damit sie ihre glasartige Politur erhält, lässt sich der Künstler kopfüber darin nieder und verbringt sein weiteres Leben in diesem Sand.

Wir hebelten mit klirrenden Brechstangen die unerwünschten Teile der Mauer heraus und klopften mit scharfen Hämmern alte Betonkrusten von den Steinen, indes ich an das stille, geschützte Wasser dachte, in dem dieses friedliche Geschöpf lebt, an das leichte Wellengekräusel, das der Wind auf der Oberfläche hervorruft und die Seeschwalben, die hoch im Wind schweben. Dieser einsame Arbeiter, der alles Notwendige aus seiner unmittelbaren Umgebung nimmt und es zur vollendeten Form fügt, wurde mir zur Quelle der Inspiration. Zugleich machte er mir aber deutlich bewusst, wie ungehobelt ich als Mensch im Vergleich mit ihm bin. Ich beneidete den Wurm um seine Sorgfalt und sein Genie, obgleich ich wusste, wie sinnlos diese Art Neid war.

Wenn ich heute an diesen Tag zurückdenke, kann ich sehen, dass meine Gedanken sich auf die Arbeit meiner Hände störend auswirkten. Dogen sagte einmal, wenn wir an unser Tun zu viele Vernunftgedanken verschwenden, „pflanzen

191

wir unsere Blumen auf die Spitzen von Steinen". Es genügt, wenn wir die Mauern richten, das Laub rechen und den Boden umgraben. Die praktische Arbeit lässt uns den Ort, an dem wir leben, aus einem ganz anderen Blickwinkel sehen. Wenn wir uns direkt und schlicht ins Gelände begeben, taugen die Wörter „lästig" und „inspirierend" überhaupt nicht mehr. Gelegentlich finden wir dabei uns selbst – tief im Herzen der Arbeit verloren.

Abenteuer in Licht und Dunkelheit

An einem Nachmittag im Spätsommer saß ich hoch oben vorne auf unserem leicht geneigten Hausdach. Meine Frau und ich hatten den größten Teil der letzten beiden Tage damit verbracht, die alten Schindeln zu entfernen, die nicht mehr genügend Schutz gegen den Winterregen boten. Wir hatten dabei auch Hunderte von Nägeln und Stahlkrampen aus dem darunter liegenden Holz herausgezogen und versucht, zu retten, was noch zu retten war, in der Hoffnung, das Dach nicht komplett erneuern zu müssen. Zum damaligen Zeitpunkt wussten wir noch nicht, dass diese Arbeit umsonst war, denn schließlich mussten dann doch nicht nur die Schindeln, sondern das gesamte Dach erneuert werden. Aber wenn ich an diesen Nachmittag zurückdenke, kann ich immer noch die Wärme der Sonne spüren und den Duft des frisch freigelegten Holzes riechen.

Diese Arbeit bleibt wertvoll, obwohl sie vordergründig gesehen letztlich nichts einbrachte.

Man hätte sie als Zeitverschwendung bezeichnen können, denn schließlich machten wir etwas, was dann gleich noch einmal getan werden musste. Wir gaben uns jedoch der Freude hin, uns in diese Arbeit und den linden Sommerwind hoch oben über dem Boden zu verlieren. Wir waren da oben auf unserem ramponierten Dach so zufrieden und von tiefem Sinn erfüllt wie sonst kaum.

Diese Erfahrung, ganz mit meinem eigenen Tun eins zu sein, war für mich eine wertvolle Lehre. Ich entsinne mich, dass ich später am Tag, als wir schließlich alle Nägel herausgezogen hatten, noch einmal aufs Dach stieg und mich dort still hinsetzte, um mir ein paar Notizen über diese Arbeit zu machen. Mir schien, dass ich körperliche Arbeit bisher eher unwillig getan hatte, mit dem dringenden Bedürfnis, sie hinter mich zu bringen, und dem zwanghaften Wunsch, alles fest im Griff zu haben. Ob ich nun Unkraut gejätet, ein Holz abgeschmirgelt oder ein Loch gegraben hatte, ich war solche Arbeiten immer grimmig entschlossen, wie einen Feind, angegangen, voller Ungeduld, möglichst rasch damit fertig zu werden. Aber an diesem Tag auf dem Dach war etwas ganz Neues passiert, etwas Revolutionäres: Die Arbeit hatte mich entspannt.

Als ich an diesem Abend hoch da oben saß, mit Kugelschreiber und Notizbuch in der Hand, versuchte ich das Unmögliche: in Worte zu fassen, wie es ist, wenn man sich in aller Ruhe intensiv an etwas begibt, ohne dabei ein großartiges Ergebnis oder eine tolle Leistung hervorbringen zu wollen. Ich dachte darüber nach, welches Verhältnis meine Freunde zu ihrer Arbeit hatten, die sie entweder nicht mochten oder genossen. Und irgendwie kam mir der Gedanke, dass ein Künstler, der ein Selbstporträt malt, dabei auch nicht die tatsächliche Haltung seiner Hände abbildet. Er zeigt sie eben nicht, wie sie Pinsel und Palette halten, sondern zeigt sie vielleicht in entspannter Position. So entsteht die Täuschung, der Künstler sei ganz müßig, wo er doch in Wirklichkeit aufmerksam arbeitet. Man könnte geradezu sagen, dass jedes Stück Arbeit, das wir verrichten und jedes winzige Teil unseres Lebens unseres eigenes Selbstporträt ausmachen. Die Arbeitsgeräte sind für das Endergebnis unerheblich.

Wenige Wochen später befand ich mich in einer ziemlich anderen Lage. Ein leckes Wasserrohr machte es notwendig, dass ich unter unser Haus kroch. Dabei kam mir alles, was ich auf dem Dach gelernt hatte, wieder abhanden. Ich hatte schon früher einmal auf dem Bauch eine dieser Kriech-expeditionen unternommen und mich mit Hän-den und Ellbogen durch die unmöglich niedrige, feuchte, von Skorpionen bevölkerte, abschreckende Finsternis zwischen der Unterseite des Hauses und dem Untergrund vorwärts geschafft. Ich habe zwar keine Platzangst, aber ich erinnerte mich, dass ich bei dieser ersten elenden Kriecherei nichts als Wi-derwillen empfunden hatte. Die Vorstellung, das gesamte Haus sitze direkt auf mir, trieb mir den Schweiß aus den Poren.

In solchen Augenblicken finde ich es hilf-reich, auf ein paar Tricks zurückgreifen zu können. Es sind Vorstellungen, die meinem Kopf das Ganze erträglich machen. Kurz, ich nahm zum Gedanken Zuflucht, dass dieses Haus ja nun bereits mehrere Jahrzehnte solid dagestanden hatte und es äußerst unwahrscheinlich sei, dass es gerade jetzt über mir zusammenbrechen werde. Das Haus hatte Besseres zu tun. Außerdem machte ich mir mit dem Gedanken Mut: Du hast Glück gehabt, dass du dir deinen Lebensunterhalt nie in einer Erzmine tief unter der Erde verdienen musstest. Ich musste an die „Tunnelratten" von Vietnam denken. Und an Höhlenforscher, die irgendwo tief unter der Erde im Finstern herumtasten. Das brachte mich dann allerdings auf die Vorstellung, dass im Untergrund giftige Spinnen und Tausendfüßler hausen, was mich dann wieder weniger aufbaute.

So versuchte ich, mir das Vergnügen und die Einsicht in Erinnerung zu rufen, die ich auf dem Dach empfunden hatte. Ich würde nun gerne berichten, dass das ganz gut wirkte, meine Ängste zu beruhigen und mich mit dieser widerwärtigen Aufgabe versöhnte. Aber das tat es nicht, jedenfalls nicht in diesem Fall. Diesmal musste ich wieder ganz von vorne anfangen. Ich zog einen dicken Overall und Handschuhe an und zog mir eine Wollmütze über den Kopf, griff nach Taschenlampe und Rohrzange und setzte mich zunächst einmal vor die enge Öffnung, die in die Unterwelt führte. Die verborgenen Klauen und verrosteten Spitzen der Nägel über mir sollten noch warten.

Ich hob den Blick in die stille Luft draußen und fragte mich: Wo sind jetzt alle diese sanften Brisen? Wo ist die große Einsicht von neulich auf dem Dach? Was ist aus allen deinen Gefühlen sonniger Entschlossenheit und heiterer Gelassenheit geworden? So saß ich eine ganze Zeit lang, bis mir aufging: Die Antworten auf alle diese Fragen haben etwas damit zu tun, dass man mit der Arbeit einfach vorwärts macht. So schaute ich noch einmal in die Luft, holte ganz lang und tief Atem und kroch aufs Neue in die Finsternis.

FÜNFTER TEIL

Lebensumstände

Bei Sonnenuntergang
  nebenan
    das Klicken eines Lichtschalters.

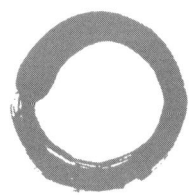

Allein leben

Zen studieren heißt, sich selbst studieren, was oft ganz paradox ist. So sagen Zen-Meister, wir seien immer allein und nie allein und beides sei gleichzeitig wahr.

In gewisser Hinsicht ist das Alleinleben etwas, was man nie ganz allein fertig bringt; in einer anderen Hinsicht kann man nie anders als allein leben. Wenn Sie jemand sind, die/der getrennt von anderen lebt, kann Ihnen das die großartige Möglichkeit bieten, kreativ Ihren ganz eigenen Weg zu gehen und über Ihr Geschick ein ganzes Stück weit selbst zu bestimmen. Sie lernen dabei genauer den Unterschied zwischen Alleinsein und Einsamsein und zwischen Alleinsein und Gemeinschaft kennen.

Bei Tieren, die das Alleinsein bevorzugen, handelt es sich oft um ganz besonders interessante Typen. Diese „einzelgängerischen" Tiere umfassen ein breites Spektrum, vom einzelnen Virus bis zum Einsiedlerkrebs. Selbst Arten wie der Wolf, der normalerweise sozial gesinnt ist und in Rudeln lebt, bringen Einzelgänger, „einsame Wölfe" hervor. Unabhängig davon, ob sie das nun von sich aus gewählt haben oder von den anderen in diese Rolle gedrängt wurden, gehen sie jedenfalls für sich allein und unabhängig ihren Weg.

Auch Menschen fühlen sich gelegentlich zu einem Leben einsamen Wanderns oder in eine entlegene Eremitage in den Bergen hingezogen. Selbst die ganz sozial Gesinnten empfinden zeitweise den Wunsch nach Raum und Zeit ganz für sich allein. Wir verspüren immer wieder einmal das tiefe Bedürfnis, ganz wir selbst zu sein. Aber sind wir wirklich mehr „wir selbst", wenn wir allein sind?

Auch wenn man allein ist, empfindet man oft auf irgendeine Weise das Gefühl der Verbundenheit mit anderen. Zudem kann fast niemand alle seine Nahrungsmittel selbst produzieren, seine ganze Kleidung selbst herstellen oder ganz auf die Vorzüge menschlicher Gesellschaft verzichten. Dazu kommen dann noch weitere Faktoren: Man bleibt weiterhin mit seiner Familie, seinen Freunden und Lehrern verbunden, genau wie mit allen Erfahrungen, die man im Lauf seines seitherigen Lebens gemacht hat. Die Zen-Übung kann helfen, den scheinbaren Widerspruch zu lösen, der darin besteht, dass man jeden Augenblick allein und doch mit allem anderen eins ist.

Allerdings muss ich da an einen Bericht denken, der um die Welt ging und zeigt, wie sehr ein Mensch von allen anderen abgeschnitten sein kann. In Deutschland hatte die Polizei den Leichnam eines Mannes entdeckt, der in seiner Wohnung vor dem Fernsehgerät saß. Er hatte bereits fünf Jahre lang so dagesessen. Der Fernseher war eingeschaltet, ebenso die Lichter am Christbaum. Der Mann hatte diesen Christbaum vor fünf Jahren geschmückt, kurz bevor er starb. Seine Nachbarn sagten, er sei immer ein sehr stiller Mensch gewesen. Das Geld zur Bezahlung seiner Miete und sonstigen Unkosten war von seinem Konto abgebucht worden. Es hatte nie ein Problem gegeben, bis sein Konto leer war und sein Vermieter schließlich bei ihm die Miete einziehen wollte.

Diese Geschichte ist ein Beispiel dafür, wie etwas an sich Gutes ins Extrem umschlagen kann. Der Mann war zwar sorgfältig darauf bedacht, keine Schulden zu machen und schien ganz für sich leben zu können, aber sein Kontakt mit der Welt scheint sich auf das beschränkt zu haben, was er im Fernsehen sah. Besonders erschütternd ist die Weihnachtsfeier in absoluter Isolation. Ich frage mich, ob unter seinem Christbaum Geschenke lagen. Und wenn ja, ob er sie sich selbst gekauft hatte? Außerdem: Was für Bilder hat er wohl als letzte vor seinem Lebensende in seinem Fernseher gesehen: Flimmerte vor seinen Augen ein Märchenfilm, ein Dokumentarfilm, ein Werbespot, eine interessante Nachricht?

So viele gute Gründe es geben mag, allein zu leben, ist es doch ein tragisches Extrem, wenn man sich völlig von allen anderen Menschen abkapselt.

Die Zen-Tradition hat immer großen Wert auf das Allein-leben-Können gelegt. Umherziehenden Mönchen wurde oft abgeraten, sich in Lehrzentren oder in deren Nähe niederzulassen; Kandidaten für die Ausbildung wurden abschreckenden Prüfungen unterzogen, bevor sie die Erlaubnis erhielten, in den Tempelbereich einzuziehen. Im Buddhismus betonte man schon immer, wie wichtig es sei, dass sich der Einzelne persönlich auf die Suche begebe und sich damit befasse, sich selbst in Frage zu stellen und zu prüfen. Dies ergibt sich ganz von selbst, wenn man einige Zeit wirklich für sich allein ist. Namentlich im Zen war man immer bemüht, den Schülern einen möglichst einfachen Rahmen zu bieten, so dass sie möglichst direkt alles von sich aus und in sich selbst entdecken können.

Doch zugleich wird betont, dass alles miteinander verbunden ist und es streng genommen eine Trennung zwischen dem „Selbst" und den und dem „anderen" gar nicht gebe. So wird den Schülern eingeschärft, dass es gut sei, in der Gemeinschaft zu arbeiten, Gastfreundschaft zu üben, Hungrige zu speisen usw. Würde sich jemand auf die Art, wie es der Mann in Deutschland getan hatte, von allen anderen abkapseln, so sähe man darin eine große Verzweiflung. Selbst berühmte Mönche und Dichter wie Ryokan und Santoka, die allein lebten und auf Wanderungen waren, nahmen sich immer wieder Zeit, um anderen zu helfen oder mit den Dorfkindern zu spielen.

Vorzüge und angenehme Seiten eines unabhängigen Lebens gibt es viele und sie brauchen hier nicht weiter erklärt zu werden. Doch sollten Sie jemals angesichts der Widersprüche des Alleinlebens oder aus Unentschlossenheit etwas verwirrt sein, so könnte Ihnen das *Zenrin Kushu* einen recht guten Rat geben. Dieses vor fast fünfhundert Jahren verfasste Buch weist uns an, wir sollten immer so leben, als seien andere bei uns; und auch wenn wir ganz allein seien, sollten wir „unsere besten Kleider tragen".

Mit anderen zusammen leben

Thich Nhat Hanh regt seine Schüler zu einer wunderbaren Übung an, die Sie vielleicht auch einmal machen könnten. Schauen Sie einfach in Ihre offene Handfläche und versuchen Sie sich vorzustellen, welche Hälfte ihrer Hand von Ihrer Mutter und welche von Ihrem Vater stammt. Dann versuchen Sie zu bestimmen, welche Züge Ihrer Hand von der Mutter Ihrer Mutter und welche vom Vater Ihres Vaters stammen.

Es geht bei dieser Übung darum, sich bewusst zu machen, wie sehr uns alles, was wir sind und haben, vererbt ist. Der geringste Bruch in der langen Linie Ihrer Vorfahren hätte bedeutet, dass es Sie gar nicht geben würde. So stehen Sie in der tiefen Schuld all derer, die vor Ihnen waren. Die Verbindung zu diesen Familienmitgliedern hört genau wie diejenige zu allen Menschen um Sie herum nie wirklich auf. Zudem werden Sie dauernd von allem beeinflusst, was Sie umgibt; Sie „erben" sich von der übrigen Welt. Alles in Ihrem Leben ist mit allem anderen verbunden. Alles ist ein und dasselbe Erbe. Es gibt Wurzeln und Zweige, Mutationen und Weiterentwicklungen. Aber alles bleibt eine einzige wirbelnde, sich ständig verändernde Familie.

Wenn Sie Ihre Wohnung mit anderen Menschen teilen, erweitert sich Ihre Welterfahrung. Sie kümmern sich dann nicht nur um die unbelebten Gegenstände in Ihrem Haushalt, sondern werden auch direkt in das Leben anderer Menschen mit einbezogen. Ob das nun Verwandte, Freunde, geliebte Gefährten oder bloße Mitbewohner sind, in jedem Fall bieten sie Ihnen die Möglichkeit, Ihr Leben mit ihnen zu teilen. Sie fangen an, Aspekte Ihrer selbst in ihnen wiederzuerkennen und Sie spüren auch die Unterschiede. Sie durchlaufen in Ihrer Beziehung zueinander verschiedene Entwicklungsstufen und erfahren, wie Sie enger zusammenwachsen und vielleicht sogar, wie Sie gemeinsam älter werden. Es macht Ihnen Freude, ein gutes Einvernehmen miteinander zu haben und Sie finden es interessant und anregend, sich gegenseitig aus Ihrem Leben zu erzählen. Sie merken, was für einen Charakter der andere Mensch hat und dass Kommunikation von entscheidender Bedeutung ist. Sie werden sich bewusst, welche feinen Nuancen in den Worten stecken können.

Im Zen hat man immer deutlich darauf hingewiesen, dass es auch im Schweigen feine Unterschiede gebe. Es ist eine dichte Nähe zueinander spürbar, wenn man schweigend im selben Raum beieinander sitzt. Wenn der Magen grummelt, jemand sich räuspert oder schnäuzt oder etwas flüstert, bekommen das alle anderen mit; es ist, als würde man zu einem einzigen Körper.

Im häuslichen Bereich ist Schweigen jedoch oft ein Zeichen von Konflikt oder Spannung. Es kann zur echten Herausforderung werden, seine Wohnung mit anderen Menschen zu teilen. Man muss die gleiche Luft atmen, die gleichen Einrichtungen und Gegenstände benutzen und zur selben Zeit und im selben Raum miteinander leben. Das Zusammenleben mit anderen lässt sich mit Kieseln in einem rauschenden Bergbach vergleichen. Sie werden ständig aneinander gerieben, bis sie alle ihre Ecken und Kanten aneinander abgeschliffen haben und schön rund werden. Dann können sie eng beieinander lagern, ohne dass es ständig knirscht und bröckelt.

Von dem, was wir sind, ist so vieles von den anderen bestimmt, dass wir davon manchmal regelrecht zugedeckt werden. Es kann dann vorkommen, dass wir den eigenen Weg verlieren und uns einem bestimmten Menschen oder einer Gruppe ausliefern oder aufopfern. Beim Zen-Studium ist davon die Rede, wie wichtig es sei, unsere wahre Natur zu finden, unser ursprüngliches „Selbst" bevor wir geboren wurden. Wir machen unser ganzes Leben lang ständig Wandlungen durch; wir schließen mit Menschen Freundschaft oder nehmen jemanden in unsere Familie auf, und immer ändern wir dadurch auch uns selbst. Oft übernehmen wir Züge anderer: bestimmte Verhaltensweisen, einen Stil, musikalische Vorlieben, Sprechweisen; auch Wissen eignen wir uns von ihnen an.

Durch das Zusammenleben mit anderen öffnet man sich für die Welt lebendigen Austauschs; außerdem bietet sich einem die Gelegenheit, auf engstem Raum Mitgefühl zu praktizieren. Man vergisst sich immer wieder für einen Augenblick und schreit in einem einzigen Atemzug: „Räum gefälligst deine Kleider auf!" oder „Das Essen ist fertig!"

Wenn man seinen Alltag miteinander teilt, erfährt das Leben eine Steigerung; in der Beziehung zu anderen kommen die eigenen Stärken, Schwächen und Absichten deutlicher ans Licht. Dieses neue Verständnis seiner selbst kann sehr heilsam sein, für einen selbst wie auch für die, mit denen man zusammenlebt; es wird zum Bestandteil des eigenen Lebens. Es eröffnet den Ausblick nach noch weiter draußen, in einen umfassenderen Haushalt hinein: in die Familie von allem, was es in der Welt gibt.

Mit Tieren als Gefährten leben

Dogen sagte: „Wenn wir nicht mit allen Lebewesen üben, ist es nicht die Übung des Buddha." Sie könnten sich fragen: Wo sind nun eigentlich alle diese Lebewesen? Sie müssen nicht weit gehen, um sie zu finden. Selbst wenn Ihr Körper plötzlich spurlos verschwinden würde, so haben Wissenschaftler erläutert, bliebe zunächst ein vollkommener Umriss des Körpers erhalten, eine Art von „lebendigem Schatten" aus Bakterien und anderen winzigen Organismen. Unser Körper besteht aus Milliarden lebender und sterbender Zellen, und es ist schwierig, ganz genau zwischen Zellen zu unterscheiden, die „ich" bin und die nicht „ich" sind, die zu „mir" gehören und die von mir unabhängig sind.

Eindeutiger werden die Verhältnisse, wenn wir auf andere Tiere zu sprechen kommen. Hier lassen sich die Linien klarer ziehen, denn man kann sie leichter sehen. Meine Kindheitserfahrungen mit Haustieren bestanden aus verschiedenen Abenteuern mit unglücklichen, unzeitigen und beunruhigenden Begegnungen mit aufdringlichen Ameisenkolonien, spurlos verschwindenden Wellensittichen und einem Hund, der selbst aus einem Hochsicherheitsgefängnis hätte mühelos entwischen können. Merkwürdigerweise weckten diese nicht gerade wunderbaren Erfahrungen bei mir ein nachhaltiges Interesse. Seither habe ich die Gesellschaft von Haustieren immer sehr genossen.

Suzuki Roshi sagte oft, vor Hunden und Katzen sollte man sich eigentlich verneigen. Seinem Empfinden nach war das etwas ganz Natürliches, ein Akt der Hochachtung und des Mitempfindens, ein Moment geteilten Lebens mit einem anderen Lebewesen.

Tatsächlich ist die buddhistische Literatur voller Bezüge zu Tieren. Unzählige Sutren, Jataka-Erzählungen, Dharma-Vorträge, Koan-Sammlungen und Gedichte sprechen von Pferden, Drachen, Tigern, Fischen und Vögeln. Die Schüler beschäftigen sich mit Nansens Katze, den Bildern von der Suche nach dem Ochsen und Kanzans Käfern in einer Schale. Tiere sind überall: im Paradies, in der Hölle und hier auf Erden. Sie sind immer bei uns; daran sollte niemand zweifeln.

Es kann viel Freude machen, sein Heim mit einem Tier zu teilen. Man kann von ihm viel lernen, denn diese Beziehung ist anders zu einem Geschöpf der eigenen Gattung. Die Kommunikation zwischen ganz verschiedenen Lebewesen kann zu einer der wertvollsten Erfahrungen werden, ganz zu schweigen vom Trost und der Gemeinschaft, die einem ein Hund, eine Katze oder ein anderes Haustier zu bieten vermag.

Von den Tieren kann man die reine Freude am Dasein lernen, denn die leben sie vor; vielleicht wirkt das sogar ansteckend. Oder wie Ärzte feststellen: Wenn man das Fell eines Haustiers streichle, wirke dies entspannend auf einen selbst und erhöhe das Wohlbefinden. In manchen Fällen werden Patienten im Rahmen sonstiger Therapien angeregt, sich ein Haustier zuzulegen, was oft erstaunlich positive Auswirkungen hat.

Nicht zuletzt bringt das Zusammenleben mit einem Haustier ein Element von unvorgesehenen Überraschungen ins Leben. Ich habe schon von der Überraschung erzählt, die einem Freund von mir sein Waschbär bescherte. Ihr Hund springt vielleicht über den Zaun und rennt davon, oder Ihre Katze ist immer wieder nicht aus dem Bücherschrank zu bringen. In solchen Situationen wird die Aussage: „Ich habe ein Haustier" stark relativiert; man fragt sich, wer wen im Griff hat. Ich erinnere mich eines kalten Januarmorgens, als wir gerade frühstücken wollten. Meine Frau und ich waren beide kurz aus der Küche gegangen. Als wir zurückkamen, lagerte unsere alte Katze McKinley friedlich auf einem Stapel frischer Pfannkuchen und wärmte sich. Es hatte sie einige Mühe gekostet, diesen bequemen Platz zu erreichen: Sie hatte zunächst auf einen Stuhl und dann von dort aus auf den Tisch springen müssen, und sie war nicht mehr die Sportlichste. Nach anfänglicher Entrüstung empfand ich eine Art Verständnis zwischen uns. Während sich dann die Krähen draußen über die hinausgeworfene Pfannkuchen hermachten, bewunderte ich McKinleys Spontaneität sowie ihre Fähigkeit, keine Spur von Schuldbewusstsein zu entwickeln.

Solche Augenblicke prägen sich dem Gedächtnis manchmal besonders stark ein, selbst wenn sie genau genommen nicht so furchtbar bedeutsam sind. Doch sie können es werden, wenn die Umstände entsprechend und wir fähig sind, sie klar und deutlich wahrzunehmen. Sie weisen immerhin auf Tieferes hin: auf die grenzenlose Phantasie und Vielfalt des Lebens. Tiere können sie uns recht gut erschließen; sie zeigen uns auf ungeahnte Weisen, wie sich der Geist des Lebens äußert.

SECHSTER TEIL

Die Sonne putzen, den Mond bohnern

Jeder Mensch ist ein Haiku –
nur siebzehn Silben da,
in drei Zeilen.

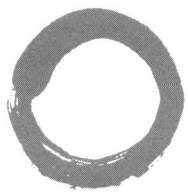

Das Gestrampel um Perfektion

Meine Großmutter sagte immer, ihren Haushalt in Schuss zu halten (etwa Knöpfe anzunähen oder Kuchen zu backen) sei so leicht wie „vom Fahrrad herunterzufallen". Sie war bei der Arbeit so entspannt und energiegeladen, dass jeder Zen-Schüler vor Neid hätte erblassen können.

Doch wir geben uns weiter alle Mühe, auf dem Fahrrad zu bleiben. Wir fangen mit dem Sitzen (zur Meditation) an und lernen es dann, dieses Sitzen mit selbst erzeugtem, sorgfältigem Tun im Gleichgewicht zu halten. Auf diese Weise bringen wir uns mühsam ein Stück weit voran und entwickeln schließlich vielleicht die Fähigkeit, die Welt mit etwas größerem Feingespür wahrzunehmen.

Im Geist dieses Bemühens um das Vorwärtskommen möchte ich ab jetzt unsere Zen-Übungen für den Haushalt auf einige Bereiche ausweiten, die genau genommen den Rahmen unserer Wohnung überschreiten. Denn in dem Maß, wie sich unsere Praxis vertieft, stellen sich ganz von allein philosophisch tiefgründigere Fragen ein wie etwa solche nach Zeit und Sterblichkeit, nach dem Sinn und Zweck von allem und nach der Suche nach Vollkommenheit.

Es heißt, ein Buddha aus Holz könne nicht durchs Feuer gehen und ein Buddha aus Lehm nicht durchs Wasser. Das soll natürlich heißen, dass wir alle unsere Grenzen und Schwächen haben. Katagiri Roshi sagte: „Sogar die Buddhas und die Ahnen können einen Fehler machen." Genau diese „menschlichen" und gewöhnlichen Eigenschaften aller Buddhas und Bodhisattvas sind es, was sie in unseren Augen realistisch werden lässt. Ein unmöglich zu verwirklichendes Ideal ist nutzlos. Es ist sinnlos, sich darum zu bemühen, etwas anderes oder jemand anderer zu werden. Wenn man erkennt und annimmt, wer man ist, hat man nicht länger das Bedürfnis, ganz anders zu sein.

Viele versuchen, vorbildlich zu leben. Tatsächlich bemühen wir uns, unser Bestes zu geben. Aber es ist nicht notwendig, dass wir versuchen, etwas noch Besseres als unser Bestes zu geben. Nehmen wir zum Beispiel die ganz einfache Tätigkeit, eine Kaffeetasse zu spülen. Wenn Sie diese Tasse abwaschen, brauchen Sie das nicht ganz perfekt zu tun. Sie brauchen nicht zu versuchen, die Tasse perfekt zu machen und müssen sich auch nicht den Kopf darüber zerbrechen, ob Sie selbst perfekt sind. Es ist unnötig, die Wassertemperatur zu messen oder den pH-Wert des Spülmittels festzustellen. Wenn Sie mit der Tasse sorgfältig hantieren, trennt Sie nichts von der Tasse. Dann tauchen keine Tagträume oder Ablenkungen auf, keine Beurteilung, keine Vorstellungen von Ich und anderem und keine sonstigen Schranken zwischen Ihnen und dem, was Sie tun. Da ist dann nur das Tassenspülen und darin ist Ihr ganzes Leben.

Wenn Sie um sich blicken, fangen Sie an, das „Richtigsein" aller Dinge zu erkennen, den wahren Wert, den sie enthalten. Es kostet Sie überhaupt nichts, auf die einzelnen Dinge genau zu achten. Denn Ihnen steht alle Achtsamkeit zur Verfügung. Sie können so anfangen, dass Sie zunächst achtsam Ihre eigenen Hände betrachten oder die Lichtreflexe auf dem Telefon auf der anderen Seite des Zimmers oder die anmutige Windung des Gummibands, das auf dem Tisch liegt. Auf diese Weise können Sie beginnen, den allen Dingen innewohnenden Frieden wahrzunehmen; Sie können spüren, wie sie im Dasein gründen und dass ihre

Natur vergänglich ist. In dem Maß, in dem Sie sich der zarten Feinheiten der Dinge vor ihren Augen bewusster werden, kehren Sie zu Ihrem eigenen wahren Selbst heim. Sie fangen an, sich mit den verschiedenen Sie umgebenden Kräften zu identifizieren und Sie nehmen bereitwilliger Ihren Platz unter allen anderen Dingen ein. Dadurch erwacht in Ihnen Mitempfinden, ohne dass Sie sich angestrengt darum bemühen oder sich in etwas einmischen.

Das klingt alles so ungeheuer einfach: Lehne dich zurück und schau die Dinge achtsam an; aber den meisten fällt das ungemein schwer. Wir erwarten oder wollen immer irgendetwas. Wir sind ständig darauf aus, wieder etwas Spannendes und Abwechslungsreiches zu erleben und neue Inhalte zu finden. Auf unsere Vergangenheit schauen wir mit Schuldgefühlen oder in Selbstzufriedenheit. Die Zukunft wollen wir gezielt und nach unseren eigenen Vorstellungen gestalten. Wir leben dauernd im Bewusstsein, dass uns andere zuschauen und uns beschäftigt die Sorge, was sie von uns denken. So plagt uns das Problem, wie wir alles auf die Reihe kriegen und die anderen nicht merken, dass wir keineswegs perfekt sind.

Wir haben Angst davor, andere könnten bei uns unverzeihliche Schwächen entdecken oder uns wegen unserer Unvollkommenheiten nicht lieben. Manchmal sehen wir überhaupt nicht mehr, wer wir eigentlich sind; in Wirklichkeit sind wir jedoch immer vollkommen wir selbst. Wir fangen perfekt an und hören perfekt auf, ganz unabhängig davon, wie sehr wir uns den Kopf darüber zerbrechen, wie wir reich oder schön werden oder die volle Buddhaschaft erreichen könnten.

Zen-Lehrer sagen, je intensiver man sich darum bemühe, etwas ganz Bestimmtes zu erreichen, desto geschwinder entziehe es sich uns. Das verkrampfte Ringen um Vollkommenheit genügt nie, und Vollkommenheit an sich ist gar nicht unser Ziel. Wenn wir wahrhaben, dass Buddhas zuweilen Bankrott anmelden oder geschieden werden oder auf die Nase fallen, fangen wir an, Perfektion in ganz anderem Licht zu sehen. Wir begreifen dann, dass auch Buddhas nur Menschen sind und gar nicht so anders als wir selbst.

Über Stille und Gleichförmigkeit

Als ich eines frühen Morgens im Zen-Center von San Francisco in der formellen Meditationshaltung saß, hatte ich eine plötzliche Erkenntnis. Ich nahm mit absoluter Gewissheit wahr, dass ich von den rund vierzig anwesenden Zen-Schülern in der Halle der einzige war, der jemals in einem Hotelaufzug mit James Baldwin und Tennessee Williams zusammen einen Stepptanz aufgeführt hatte. Und genauso glasklar wurde mir bewusst, dass ich hier der einzige war, der jemals den Hoover-Damm hinabgeklettert war.

Während ich auf dem schwarzen Kissen saß und auf die schmucklose Wand starrte, überkam mich kein besonderer Stolz auf diese beiden Leistungen und ich fand es ziemlich verblüffend, dass sich jetzt, in diesem durchdringenden Schweigen, ausgerechnet diese beiden Erinnerungen einstellten. Die Leute um mich herum hatten zweifellos auch ihre einmaligen Geschichten und ich fragte mich, ob den anderen auch gerade interessante Ereignisse durch den Kopf gingen. Dann überkam mich wieder das Schweigen, ich war wieder still und unbehelligt von Vergangenheit und Zukunft, zumindest für den Augenblick.

Woher kommt dieser fast unablässige Erzählstrom, der uns ständig durch den Kopf geht? Es ist so, als ob uns überall eine Art kleiner Freund begleite, der uns auf Dinge aufmerksam macht, auf die wir achten sollten; der urteilt und bewertet, uns an Ereignisse erinnert, uns unterhält, versucht, alles interessanter zu machen und sich dabei in unsere persönlichsten Gedanken einmischt.

Nur allzu leicht kann man sich im Grübeln über tausend Belanglosigkeiten verlieren, vor allem, wenn man still arbeitet. Das Denken überschwemmt einen und reißt einen mit sich fort. Jedoch verliert man dadurch den unmittelbaren Kontakt mit dem Leben; jedes Glück, das man erfährt, wird dann flüchtig und künstlich. Versuchen Sie, beide Füße fest auf dem Boden zu behalten und Ihren Geist ruhig und achtsam zu halten. Wenn Ihre Gedanken abzudriften beginnen, versuchen Sie, Ihren Geist behutsam wieder in die Gegenwart zurück zu holen. Das ist ungefähr so, wie wenn man im flachen Ufer steht und die Wellen des Meeres um seine Füße heranspülen und sich wieder zurückziehen lässt, ohne sich von ihnen mitreißen zu lassen.

Wenn es gelingt, das Denken zu beruhigen, wächst merkwürdigerweise auch die Achtsamkeit. Es ist kein Abschotten, sondern man sieht klarer und mit größerer Intensität. Lernt man die Konzentration erst einmal schätzen, in die die Stille führen kann, so ist man wahrscheinlich auch besser dafür gewappnet, plötzliche Anforderungen zu meistern. Man ist weniger versucht, alles auf einmal machen zu wollen. Man ist dann fähig, gezielt eins nach dem anderen anzupacken, statt sich ineffektiv auf alles gleichzeitig zu stürzen.

In einer Zen-Meditationshalle ist die gemeinschaftliche Atmosphäre klar und einheitlich geordnet, und doch ist jeder, der da sitzt, ein Individuum mit seiner ganz eigenen Geschichte. Aus guten Gründen wenden alle die gleichen traditionellen Formen der Meditation an, aber es ist durchaus nicht so, dass dadurch die Schüler alle gleich würden oder etwa immer mehr ihren Lehrern gleich werden. Suzuki Roshi sagte einmal zu einer Gruppe seiner Schüler, erst wenn sie sich alle die Schädel rasieren ließen und einheitlich die gleichen schwarzen Roben trügen, könne er sie wirklich genau voneinander unterscheiden. Wenn Menschen ihre unnötigen, rein äußerlichen Besonderheiten ablegen, kann sich ihre wirkliche und einmalige Persönlichkeit erst so richtig zeigen. Die unverstellte Direktheit offenbart dann jene reiche Vielfalt, in der sie einmalig sind.

Wenn man im Schweigen meditiert, ist das, als lege man schwarze Gewänder an. Man schaltet seine innere Musik und den ablenkenden Erzählfluss ab. Man nimmt wahr, dass die Stille eine ganz neue Möglichkeit des Lernens und der Kommunikation bietet. Statt nach dem Rhythmus eines anderen Trommlers zu marschieren, schreitet man ruhig nach seinem ganz eigenen Rhythmus; man führt weder andere an noch folgt man anderen, sondern man versucht einfach, bei sich selbst die gesamte Parade zu erfahren.

Unsere Übung und das Beten

John Muir beschreibt in seinem Buch *The Mountains of California* eine eindringliche Erfahrung, die er machte, als er den Mount Ritter direkt vor der Ostgrenze des Yosemite Nationalparks erkletterte:

"Die Felspartie unter mir, die ich schon hinter mir hatte, kam mir noch gefährlicher vor als die Klippe vor mir. So schätzte ich lange und aufmerksam ihre Oberfläche ab und begann sie zu erklettern, wobei ich jeden meiner Griffe mit höchster Vorsicht setzte. An einem Punkt ungefähr in halber Höhe vor der Spitze angekommen, ging es plötzlich absolut nicht mehr weiter. Ich klammerte mich eng an die Oberfläche des Felsens und konnte weder Hand noch Fuß irgendwie nach oben oder unten setzen. Mein Schicksal schien besiegelt. Ich musste abstürzen. In wenigen Sekunden musste ein Moment extremer Hilflosigkeit und dann der jähe Sturz den steilen Abgrund hinab auf den Gletscher kommen. Als mir diese Todesgefahr aufblitzte, begannen meine Nerven zum ersten Mal, seit ich einen Fuß auf den Berg gesetzt hatte, zu beben; in meinen Geist schien erstickender Rauch einzuziehen. Aber dieses schreckliche Aus dauerte nur einen kurzen Moment, dann blitzte in mir mit übernatürlicher Klarheit das Leben auf. Mir war, als würde ich plötzlich von einem völlig neuen Empfinden besessen. Ganz gleich, wie man es nennen mag: Mein anderes Selbst, die Summe meiner früheren Erfahrungen oder mein Schutzengel trat auf den Plan und übernahm das Kommando. Da erstarkten meine zitternden Muskeln plötzlich wieder, ich sah wie unter einem Mikroskop jeden geringsten Riss und jede kleinste Kante im Fels und meine Gliedmaßen bewegten sich mit einer Entschiedenheit und Präzision, mit der ich selbst überhaupt nichts zu tun zu haben schien. So kam ich auf eine Weise aus dieser Wand heraus, die nicht sehr viel anders war, als wenn ich auf Flügeln aus ihr weggetragen worden wäre."

Wenn das Auto ins Schleudern kommt; wenn man sieht, wie der Geschirrstapel auf dem Tablett unaufhaltsam ins Rutschen kommt; wenn man den Umschlag mit den Examensergebnissen aus dem Briefkasten nimmt oder wenn man im Fels festhängt, kommt ein Moment, in dem einem der verzweifelte Wunsch nach Hilfe von außen durch den Kopf schießt, mag man ihm nun Stimme verleihen oder nicht. Man ist für einen Augenblick unfähig, die Lage selbst zu meistern und sucht spontan nach etwas oder jemandem, das oder der hilft, irgendwo von außerhalb. Kennen wir nicht alle dieses Gefühl, gelegentlich total festzusitzen, und es scheint keinerlei Möglichkeit mehr zu geben, sich vorwärts oder rückwärts, nach rechts oder links zu bewegen? Was tun wir dann? Zu wem beten wir oder wen flehen wir um Hilfe an?

Leute, die sich für den Buddhismus interessieren, fragen zuweilen, ob Buddhisten auch beten und ob beim Zen-Studium auch das Gebet vorkomme. Der Zen-Gelehrte D. T. Suzuki (1870–1966) sagte einmal zu einer Gruppe, das Gebet sei völlig nutzlos, da jeder Mensch ganz auf sich allein gestellt sei und es niemanden und nichts gebe, zu dem man beten könne, so dass diese ganze Vorstellung nur eine lächerliche Zeitverschwendung sei. Und dann fügte er hinzu: „Aber natürlich beten wir alle."

Ob Sie nun an das Gebet oder an irgendeine Art „höheres Wesen" glauben oder nicht, jedenfalls verfügen Sie über eine Reserve an Energie und schöpferischer Erfindungskraft, die bereit steht, angezapft zu werden, sooft Sie sie ganz dringend brauchen. Wenn etwas ganz schnell geht und Ihnen gar nicht die Zeit für die Frage bleibt: „Was soll ich jetzt tun?", heben Sie das Auto von Ihrem Kind, das angefahren worden ist, mit einer Kraft, die Sie eigentlich gar nicht haben. Alle Sinne sind hellwach und extrem aufmerksam; Sie sind vollkommen auf das konzentriert, was getan werden muss. Das ist mehr als ein plötzlicher Adrenalinstoß. Jeden Tag bringen Sie etwas Unmögliches fertig. Jeden Tag bewältigen Sie den einen oder anderen Berg.

Natürlich gibt es auch Zeiten, in denen Sie festgefahren sind und zu viel Angst haben oder zu verwirrt sind, um sich weiterbewegen zu können. Aber wenn die Krise vorbei ist, wundern Sie sich vielleicht darüber, dass Sie das Problem irgendwie doch bewältigt haben. Irgendwie tut sich die Sackgasse doch auf; das Fließen setzt wieder ein, selbst wenn alles noch so endgültig blockiert schien.

Wir alle erleben Zeiten, in denen es uns vorkommt, als könnten wir überhaupt nicht mehr weiterleben, in denen uns die pausenlos anfallenden Entscheidungen, Ansprüche und Arbeiten hoffnungslos überfordern. Wir wollen mehr. Wir suchen einen Ausweg. Und dann plötzlich können wir uns doch wieder aufraffen, finden wieder Tritt, gehen weiter. Samuel Beckett hat das einmal so formuliert: „Ich kann nicht weiter. So mache ich halt weiter." Woher diese Kraft zum Weitermachen kommt, ist recht rätselhaft; aber sie kommt. In uns scheint ein fast unerschöpfliches Potenzial an Zähigkeit und Lebensgeist zu stecken, das angezapft wird, wenn wir es ganz dringend brauchen. Was immer das nun genau sein mag, jedenfalls scheint es nur dem zur Verfügung zu stehen, der darum bittet. Vielleicht ist das alles, was wir suchen, wenn wir uns um die Lösung unserer Fragen und die Antwort auf unsere Gebete bemühen.

Zen finden, Zen einfangen, Zen festhalten

Die Glocke in der Zen-Meditationshalle hat geschlagen, und ich sitze auf meinem schwarzen Kissen und fühle mich im Augenblick wie ein in die Ecke gedrängtes wildes Tier, das direkt mit nichts und niemand anderem konfrontiert ist als mit sich selbst. Es gibt mindestens für die nächsten vierzig Minuten kein Entkommen. Ich bin denen um mich herum gegenüber verpflichtet, mich auch nicht im Geringsten zu rühren. Ich darf kein Geräusch machen. Keinerlei Rettung ist möglich. Die nächsten vierzig Minuten könnte ich genauso gut tot sein. Tatsächlich ist das der Grundgedanke: hier zu sterben und dennoch hellwach zu bleiben; zu sehen, ohne an Körper oder Geist zu denken.

Dogen sagte: „Wenn du mit deinem Boot viele Meilen weit auf das Meer hinausfährst, siehst du wahrscheinlich rundum den Horizont und meinst, das Meer sei rund. Aber das Meer ist weder rund noch eckig. Es wirkt unendlich, seine Weite ist grenzenlos."

Wenn man sich auf sein Sitzkissen begibt, lässt man seine vertraute Welt ein ganzes Stück weit hinter sich und stellt sich auf neue Ausblicke ein, die sich vielleicht eröffnen. Man ist bereit, alles anzuschauen, was sich dem Blick darbieten könnte, das Unendliche und die grenzenlose Weite der Wirklichkeit, die einen umgibt.

Warum tun wir das? Und was hat uns bewogen, Zen zu üben? Der Buddhismus ist eine Religion und Philosophie, die nicht missioniert; sie hat nie für sich geworben oder sich um Konvertiten bemüht, jedoch hat es ihr nie an Anhängern gefehlt. Theoretisch bietet der Buddhismus seine Lehren allen an, die nach ihnen fragen, aber er hat sich nie jemandem aufgedrängt oder sich in die Glaubensüberzeugungen anderer einzumischen versucht. Für mich hat diese Haltung des „Nimm mich oder lass mich bleiben" einen guten Teil der Anziehungskraft ausgemacht. Ich konnte ihm so viel oder wenig Zeit widmen, wie ich wollte; ich wurde zu nichts gezwungen und mir wurde nichts versprochen oder gar zuckersüß vorgemacht. Wenn ich darum bat, wurde mir herzlich gerne geholfen, aber mir wurde deutlich zu verstehen gegeben, dass ich darum bitten müsse. Niemand kam von sich aus auf mich zu, um mir etwas nahe zu legen oder passte auf mich auf, damit ich nicht vom Kurs abkäme. Die Entscheidung, in welche Richtung ich mein Boot steuern wollte, blieb ganz mir selbst überlassen, und genauso die Entscheidung, wie schnell ich segeln wollte.

Freunde, von denen manche bereits Jahrzehnte dem ernsthaften Zen-Studium gewidmet haben, erzählten mir, ihr Interesse sei zunächst dadurch geweckt worden, dass sie zufällig in einer Zeitschrift oder einem Buch etwas darüber gelesen hätten. Manche hatten etwas darüber in einem Kurs über die Geschichte und Philosophie Asiens erfahren, andere hatten zunächst von Bekannten vom Zen gehört. Wieder andere hatten sich dafür zu interessieren begonnen, als sie mit Drogen experimentierten, mit einer Krankheit fertig zu werden versuchten, Yoga oder andere Körperübungen praktizierten oder nachdem sie Meisterwerke der Kalligraphie, Malerei, Bildhauerei und Poesie entdeckt hatten. Ich finde es immer sehr bewegend, dass in den formellen Meditationshallen, den *Zendos*, viele Menschen schweigend und einheitlich bei der Meditation sitzen und jeder einen anderen Aspekt ein und desselben darstellt; jeder und jede ist aus einem anderen Grund da, kommt von einem anderen Hintergrund her, hat andere Lebenserfahrungen. Die Gründe, aus denen die Einzelnen zum Zen-Üben kommen, sind zuweilen ziemlich vage. Viele Menschen interessiert es nicht so sehr, alle Antworten zu finden, sondern wollen eher herausbringen, ob es überhaupt irgendwelche Antworten gibt.

Die frühen Lehrer bezeichneten dieses Fragen, diese Wissbegier und diesen Reiz, das Studium immer weiter voranzutreiben, als den „den Weg suchenden Geist" und meinten damit das uns angeborene Bedürfnis, vorwärts zu kommen und die eigene Buddhaschaft zu erfahren. Manchmal erwacht dieser „den Weg suchende Geist" bei Menschen nur kurz oder überhaupt nicht. Er kann kommen und auch wieder gehen, je nach den Umständen. Oder er prägt und lenkt ganz nachhaltig den Kurs des ganzen weiteren Lebens. Der „den Weg suchende Geist" ist ganz eindeutig bei denen am Werk, die sich dem gründlichen Zen-Studium widmen, nach dem hinter den Dingen liegenden Sinn fragen und danach dürsten, einige Antworten direkt zu erfahren, ohne viel darüber zu reden oder einzugreifen. Zen ist vor allem Erfahrung. Das Zen setzt zwar durchaus Worte und Rituale ein und es verfügt über eine lange Tradition von Lehren und Erzählungen und eine reichhaltige Geschichte und bestimmte Abstammungslinien, aber in erster Linie will Zen helfen, uns voll im gegenwärtigen Augenblick zu gründen.

Ob Sie sich nun formell um das Zen bemühen, informell mit einigen Bekannten oder allein anhand eines Buches, so werden Sie in jedem Fall immer wieder gewarnt, ja nicht den Finger, der auf den Mond zeigt, mit dem Mond selbst zu verwechseln, das heißt die Lehre mit der tatsächlichen Erfahrung. Die Lehrer werden versuchen, Ihnen anzugeben, was für Ihr Zen-Studium wesentlich ist, aber es ist und bleibt Ihre Aufgabe, die Unterschiede zwischen der Lehre und dem, worum es dabei im Innersten geht, möglichst deutlich herauszuspüren. Am Anfang lernen Sie, dass Sie, wenn sie nicht verwirrt werden, es wahrscheinlich gar nicht ernsthaft versucht haben. Und die älteren Schüler werden Ihnen sagen, sie seien darin inzwischen sehr erfahren. Und Sie hoffen, dass sie das mit einem Augenzwinkern gesagt haben.

Im Wesentlichen scheint Zen darin zu bestehen, Sie in die richtige Richtung zu weisen: Man sagt Ihnen, das Rascheln des Winds in der Hecke, die schwarze Wolke Auspuffgas eines Omnibusses und die sich ablösenden Plakate auf der Wand eines leerstehenden Hauses wiesen alle auf das Wesen der Wirklichkeit. „Schau genau hin!", werden Sie unablässig hören; „Es ist direkt vor deiner Nase!" Beim Zen geht es nicht um die Entdeckung oder Erfahrung von etwas, das sich anderswo abspielt. Es wartet nicht in einem fernen Tempel oder Kloster auf Sie. Dogen Zenji sagte zu seinen Schülern: „Wenn ihr die Wahrheit nicht direkt dort finden könnt, wo ihr seid, wo wollt ihr sie dann je finden können?"

Wir wachsen mit der Meinung auf, wir wüssten über alles Bescheid. Und wenn es etwas Wichtiges gibt, das wir noch nicht wissen, werden wir es künftig wissen. Wir lernen, wie man eine Suppe anrührt und wie man sich auf Partys verhält. Wir lernen zwischen Gut und Böse zu unterscheiden, zwischen dem, was wir mögen und dem, was wir nicht mögen oder problematisch finden. Aber zuweilen verwirrt uns unser Wissen. Genau genommen gibt es ja sehr unterschiedliche Arten von Wissen. Das Wissen, das man sich erwirbt, indem man etwas mit der Hand berührt, ist zum Beispiel ganz anders als das Wissen, das man aus Büchern bezieht oder durch abstraktes Schlussfolgern gewinnt. Die Realität von Träumen unterscheidet sich ziemlich von der Realität, den Wasserhahn zu reparieren. Uns beschäftigt die Frage, was die Dinge wirklich sind oder was ein bestimmtes Ereignis im Tiefsten bedeutet und wir versuchen, hinter jeder Begegnung einen Sinn zu ergründen. In unserem Leben stoßen wir ständig auf Anzeichen für einen solchen tieferen Sinn, aber wir schaffen es nicht, ihnen bis zu einem wirklichen Schluss zu folgen.

Der Finger, der auf den Mond zeigt, ist ganz nah da, aber der Mond selbst scheint ziemlich weit fort zu sein. Doch die Zen-Lehrer versichern uns, das Licht des Monds sei überall. Es gibt viele Möglichkeiten, dieses Mondlicht zu entdecken, aber sie müssen aus dem eigenen Inneren herauskommen und nicht von außen.

Wenn Sie schwimmen lernen wollen, müssen Sie zunächst einmal ins Wasser gehen. Natürlich können Sie vorher mit Leuten reden, die bereits geschwommen sind und Sie können sich genau über die physikalische Beschaffenheit des Wassers informieren; Sie können auch Trockenschwimmübungen machen, das Atemanhalten üben und sich einen neuen Badeanzug kaufen. Aber das alles ist immer noch nichts im Vergleich damit, dass man tatsächlich ins Wasser springt und dann das Wassersein von Kopf bis Fuß und bis zum Grund seines Wesens spüren kann. Dann „erfährt" man Wasser und lernt es auf eine ganz andere Weise kennen. Das vergisst man nie mehr. Man kann sich immer wieder darauf beziehen, auch wenn man sich wahrscheinlich schwer damit tun wird, es genau in Worte zu fassen.

Im Unterschied zu den „offenbarten" Religionen, deren Schriften, Lehren oder Aussagen sich auf eine „höhere", „jenseitige" Quelle berufen, geht es dem Zen um die eigene Erfahrung. Es lehrt, die letzten Worte, die der Buddha gesprochen habe, sei die Aufforderung gewesen: „Bemüht euch mit Sorgfalt selbst um eure Erlösung." Auf den ersten Blick ist das mehr als entmutigend; es ist katastrophal. Das wirkt, als sage der Buddha: „Also viel Glück!", stoße uns aus dem lecken Boot und überlasse es uns selbst, ob wir untergehen oder aus eigener Kraft schwimmen wollen.

Aber wenn man das dann in Ruhe überdenkt, merkt man, dass die Lage doch nicht ganz so verzweifelt ist. Es geht einem auf, dass darin sehr viel Vertrauen liegt, Zutrauen in die eigenen Fähigkeiten. Es besteht kein Grund, irgendetwas zu beschönigen oder uns zu versprechen, der Mond werde uns schon irgendwann in den Schoß fallen. Der Buddha scheint zu sagen: „Ich hab's geschafft. Du kannst das auch."

So begibt man sich an diese Übung in der Bereitschaft, sich auf das Abenteuer einzulassen, sich selbst vor seinen eigenen Illusionen und dem schließlichen Untergang zu retten. Wir haben mindestens einen winzigen Funken des „den Weg suchenden Geistes". Wir verfügen über ein menschliches Leben, das zu erfahren an uns liegt, und wir haben ein grenzenloses Universum voller anderer Lebewesen, denen wir unsere Hilfe anbieten können und die umgekehrt uns helfen. Das einzige, was wir tun müssen, ist, ins Wasser des Lebens zu springen und mit allen anderen Dingen zu schwimmen.

Vom Umgang mit der Zeit

Letzte Woche setzte ich mich einmal hin und versuchte herauszubringen, wie ich eine Arbeitsleistung von fünf Stunden in nur drei Stunden bewältigen könnte. Das tun viele Menschen: Sie versuchen, zu viele Dinge auf einmal in einen zu kleinen Behälter zu stopfen. Von Geburt an werden wir zwei strengen Zuchtmeistern ausgeliefert: der Uhr und dem Kalender. Beide sind ihrem Wesen nach durch und durch willkürlich und künstlich, aber wir lassen uns von ihnen tyrannisieren. Ganz echt ist in Wirklichkeit die Zeitspanne, die uns zwischen Geburt und Tod geschenkt ist, und sie hat genau genommen überhaupt nichts mit den zwei Zeigern der Uhr zu tun. Doch als soziale Wesen hielten wir es für leichter und zweckmäßiger, unser Leben genau in die Einheiten von Sekunden, Minuten, Tagen, Jahren, Junis, Julis, Winter, Schaltjahren und Ferien einzuteilen. Um eins finden wir uns zum Mittagessen ein. Um halb fünf holen wir die Kinder ab. Im August fahren wir ans Meer. In einigen Minuten bringen wir den Müll raus.

Viele haben ihr ganzes Leben lang die Zeit vergewaltigt, indem sie versuchten, aus ihr etwas zu machen, was sie nicht ist. Wir haben ihr Flügel angeklebt und so getan, als könnten wir sie kontrollieren, obwohl sie doch von allein fliegt. Wir sind davon besessen, unser Leben wie ein Auto hierhin und dorthin zu lenken. Wir machen Kurse in Zeit-Management und lassen uns auf „time-sharing" ein. Wir arbeiten in Vollzeit oder Teilzeit; nach der Arbeitszeit bemühen wir uns um eine Freizeit, in der wir es uns gut gehen lassen. Dieses ständige Schielen nach der Zeit würde zweifellos als psychologisch bedenkliche Fixierung diagnostiziert werden, wenn nicht praktisch alle davon infiziert wären. Als Mitglieder unserer Gesellschaft sind wir nicht nur grimmig entschlossen, ewig zu leben, sondern auch, für immer jung zu bleiben; uns graut vor dem Tag, an dem wir überholt und ausgelaufene Modelle sein könnten.

Alle Geschöpfe auf Erden und alle Pflanzen verwirklichen ihr Dasein in der Gegenwart. Wir Menschen sind die einzigen Lebewesen, die sich dauernd mit der Frage stressen, wie viel Uhr es ist. Aus diesem Grund binden wir uns ein Zeitmessgerät ans Handgelenk und hängen eine Tabelle mit

Tagen an die Wand. Andere Lebensformen scheinen keine Schwierigkeiten damit zu haben, zu merken, wann es Zeit zum Essen, zum Laufen, zum Nestbauen oder zum Auftauchen und Luftholen ist. Tiere scheinen immer von innen heraus zu wissen, was gerade zu tun ist. Sie scheinen so gut wie nie ratlos oder festgefahren zu sein.

Versuchen wir doch einmal, hier einzugreifen. Etwa, indem wir uns wenigstens eine Stunde gönnen, in der wir uns ganz aus der unsichtbaren Zwangsjacke der Zeit lösen. Tun Sie ein paar Dinge ohne Rücksicht auf die Uhr so lange, wie Sie dazu brauchen, um ganz fertig zu werden. Verschwenden Sie keinen Gedanken daran, wie lange Sie brauchen, um einer Freundin einen Brief zu schreiben. Oder wie lange Sie dazu brauchen, einen Spaziergang zu machen oder den Kühlschrank zu reinigen. Lassen Sie einigen Dingen ihre ihnen angemessene Zeit.

Natürlich können Sie sich immer genaue Zeitgrenzen setzen und sich vornehmen, innerhalb exakt bemessener Zeiteinheiten 1. einen Brief zu schreiben, 2. einen kurzen Spaziergang zu machen, 3. das Beet mit dem geschossenen Salat abzuräumen und umzugraben, 4. Einkaufen zu fahren, 5.

das Abendessen zu richten, um 6. genau bis zur Tagesschau fertig zu sein. Aber dann leben Sie nicht wirklich Ihr Leben; Sie sind immer in Eile und gehetzt, verplant und fahrig. Besser wäre es wahrscheinlich, das Salatbeet noch stehen und die Tagesschau bleiben zu lassen und so lange an dem Brief an die Freundin zu schreiben, wie dieser Brief geschrieben sein will.

Wenn Sie sich ein Kindheitsfoto ansehen, wissen Sie, dass aus dem Kind auf dem Bild inzwischen Sie selbst geworden sind; aber ist Ihnen bewusst, dass bereits in dem Augenblick, als das Foto aufgenommen war, das Kind, das Sie waren, wieder jemand anders geworden war? Die Kamera hält die Zeit nicht an. Sie kann nur Souvenirs bieten, Augenblicksaufnahmen von Orten, die Sie auf Ihrer Lebensreise kurz berührt haben.

Ein klassisches Zen-Koan fordert dazu auf, man solle sein ursprüngliches Gesicht beschreiben, das man hatte, ehe man geboren wurde. Am weitesten bin ich bis zur Lösung dieser Aufgabe in dem Jahr vorgestoßen, als meine Mutter starb. Sie hatte Krebs und war nur kurze Zeit ans Bett gefesselt. Während ihrer letzten drei, vier Lebenstage begann sie sich äußerlich ziemlich stark zu verändern. Sie nahm rapid ab, ihre Haut begann sich zu straffen und verlor an Falten. Sie verwandelte sich geradezu in ein entspannt und jünger wirkendes Wesen und begann wieder stärker sich selbst auf den alten Fotos zu gleichen, die sie als junge Frau Anfang Zwanzig zeigten. Mir kam fast vor, als liege sie da als junge Frau, die sich aus einer modischen Laune heraus die Haare grau gefärbt hatte – ein kurzes Aufleuchten früherer Tage.

Als ich sie so betrachtete, empfand ich diesen Anblick als ein ungeheures Geschenk. Es war, als sei mir beschieden, meine Mutter zu sehen, wie sie war, ehe ich geboren wurde. Die Zeit schien still zu stehen. Und die Zeit wurde für mich außergewöhnlich wirklich, und zwar deshalb, weil sie mit Existieren aufhörte. Die Frau vor mir war die Zeit. Und es war Zeit. Und der Raum war Zeit.

George Bernard Shaw (der immerhin vierundneunzig wurde) gab einmal den folgenden knappen Rat: „Versuche nicht für immer zu leben. Du wirst es nicht schaffen." Nicht das Zeitmanagement ist das Wichtigste. Was zählt ist, was man tut und wie man es tut. Alles, was geschieht, hat seine ganz eigene Zeit. Die Katze trägt ihre Jungen an einen sicheren Platz. Ein Mann in Kansas wäscht seinen Wagen. Und in der Arktis stürzt ein Brocken Gletschereis ins Meer. Jedes Ereignis ist das Resultat vieler vorausgegangener Ereignisse. Das gilt auch für die Ereignisse in Ihrem eigenen Leben; jedes tritt genau zu dem Zeitpunkt ein, an dem es fällig und wenn die Zeit dafür reif ist. Die Art Samen, die Sie jetzt in Ihr Leben stecken, sind entscheidend dafür, was später kommt. Oder, wie meine Großmutter zu sagen pflegte: „Der Same füllt einfach dauernd sein eigenes Leben hinein und wächst – auch wenn er nie die volle Blüte sehen wird."

Auf das Wahrnehmen kommt es an

Neben der offenen Tür des Speisesaals im Zen-Center hat jemand einen Haufen aus Staub, Rollsplitt, kleinen Erdkrümeln und Sonnenlicht zusammengekehrt. Diese Komposition konnte sich nur ergeben, weil der Besen ein Dutzend unterschiedliche Bahnen durchzog. Das Sonnenlicht scheint überzufließen und den Boden wie Wasser zu überschwemmen. In meiner Phantasie stelle ich mir vor, dass Sahasrabhujavalokitesvara, eine der Manifestationen der tausendarmigen Kannon, in jedem ihrer Arme einen Besen hält und sich langsam wie ein Wasserrad dreht.

Kannon oder Kanzeon ist der japanische Name für die buddhistische Gottheit Avalokitesvara. Diese Gestalt ist die Personifizierung des Mitempfindens, das Wesen, das alles Leiden der Welt hört und sieht. In der japanischen Tradition ist Kannon eine Gestalt ohne spezifisches Geschlecht; doch die meisten westlichen Buddhisten betrachten sie heute als weiblich. Sie kann mit zwei, vier, sechs oder auch bis zu tausend Armen abgebildet werden und manchmal ist in jeder ihrer Hände ein Auge. Oder ihre Hände halten Werkzeuge, Haushaltsgegenstände, Musikinstrumente oder kostbare Juwelen. Sie kann tragen, was man sich vorstellen will. Es gibt auch die Auffassung, dass jede und jeder eines ihrer Glieder ist, weil wir in der Welt leben, die Leiden darin mitbekommen und einiges dagegen tun können, sie zu lindern. Kannon ist auf ihre stille Art eine echte Heldin. Sie erinnert daran, wie wichtig es ist, sorgfältig hinzuhören und hinzuschauen und alles, was immer zur Hand ist, dafür einzusetzen, um anderen zu helfen und das Verstehen zu fördern.

Halten Sie sich selbst für einen Helden? Glauben Sie, es sei irgendwie von Bedeutung, wenn Sie einen Reifen wechseln oder die Zeitungen des letzten Monats zu einem Bündel zusammenschnüren? Thich Nhat Hanh schrieb in einem seiner Tagebücher: „Das Spülen und Kochen ist der Weg zur Buddhaschaft … Nur wer die Kunst des Kochens, Spülens, Fegens und Holzspaltens beherrscht und über die Waffen der Welt, nämlich Geld, Ruhm und Macht, zu lachen vermag, darf hoffen, vom Berg als Held herabzusteigen. Ein solcher Held durchquert die Fluten von Erfolg und Scheitern, ohne aufzusteigen oder zu sinken. Ja, nur wenige werden überhaupt erkennen, dass er ein Held ist."

Viele Menschen haben das Gefühl, überhaupt nie die Möglichkeit zu bekommen, vom Berg herunterzusteigen, geschweige denn, Helden zu werden. Für sie besteht das gesamte Leben aus ständigem Weiterklettern, um immer auf noch höhere Gipfel oder Ebenen zu gelangen. Zudem kommen sie sich selbst so vor, als seien sie von einer Lawine endloser Routine begraben. (Allerdings bedeutete das Wort Routine ursprünglich den Verlauf eines Handels-Reisewegs oder eines religiösen Pilgerwegs und bekam erst in neuerer Zeit die Bedeutung des Gewöhnlichen oder der ständigen, eher geistlosen Wiederholung.)

In Wirklichkeit ist nichts in Ihrem Leben gewöhnlich. Es gibt keinen gewöhnlichen Atemzug und keinen gewöhnlichen Herzschlag; es gibt keine gewöhnliche Schwerkraft; es gibt kein gewöhnliches Geborenwerden oder Sterben. Das alles ist zwar natürlich, aber nie gewöhnlich. In gewisser Hinsicht erfordert schon die Tätigkeit des Lebens an sich eine Art Mut, vor allem, wenn man sich all der anderen bewusst wird, mit denen zusammen man das tut. Seinen Freunden zuzuhören, kann zuweilen ganz schön anstrengend sein. Wenn man jemandem hilft, kann das die eigenen Vorstellungen über den Tag durchkreuzen. Aus diesem Grund taucht Kannon in Gärten, an Wegkreuzungen und in den Küchen auf. Es sind Ausgangspunkte, alles mit ganz neuen Augen zu sehen. Sie ist bei uns, wenn wir die Geräusche der Leiden dieser Welt hören, aber auch ihre Musik und die „Routine"-Klänge des Alltagslebens. Wenn wir unser Gemüse waschen, hört sie das Plätschern des Wassers und kommt uns zu Hilfe. Die Arbeit geht uns leichter von der Hand, und dann verschwindet sie wieder. Wer weiß, wer die Helden sind? Vielleicht werden wir alle eines Tages vom Berg herabsteigen und uns werden die Augen dafür aufgehen, welcher Wert in unserem ganzen Putzen und Waschen steckte und wie jeder Tag voller offener Verheißungen war.

Zum Schluss:
Der Buddha im Buchregal

Während ich mich unweit meiner Wohnung in einer Buchhandlung umsah, wandte sich ein Mann nervös an den Verkäufer und bat um die Art Hilfe, vor dem jedem Buchhändler graut: Er brauchte Hilfe, um ein Buch zu finden, von dem er weder Autor noch Titel noch Verlag angeben konnte. Er konnte nur sagen: „Ich habe es im Fernsehen gesehen." Daraufhin hellte sich das Gesicht des Verkäufers unverzüglich auf und er bat den Kunden: „Bitte folgen Sie mir." Hierauf schritt er zielstrebig in eine entlegene Ecke des Ladens und zog das erste Buch aus dem obersten Regal. Er zeigte es dem Kunden und fragte ihn: „Ist es das?" Der Kunde verneinte: Das sei es nicht. So stellte der Verkäufer das Buch zurück und griff das Buch daneben heraus. „Ist es das?" Auch das war es nicht. Nach drei Versuchen wusste der Kunde, was es geschlagen hatte. Wenn er wirklich das Buch wollte, würde der Verkäufer den ganzen Bestand des Ladens durchsehen müssen, ein Buch ums andere. Manchmal wissen wir, was wir suchen, aber wir wissen kaum, wie wir es tun sollen.

Als ich auf den Buddhismus und namentlich das Zen neugierig zu werden begann, war mein erster Impuls, deswegen den Buchladen und die Bücherei aufzusuchen. Das war Ende der 1950er Jahre, und ich musste zu meiner Überraschung und Enttäuschung feststellen, dass es über beides fast nichts Brauchbares gab, zumindest nicht auf Englisch. Heute fassen die Regale kaum mehr alle die Bücher über Zen. Man stößt an allen Ecken und Enden auf sie: Zen und das Internet, Zen und das Gehen, Zen und das Essen, Zen und Golf, Zen und das Wetter. Es gibt auch viele Titel im Sinn von: „Ich habe Zen verstanden", das heißt Berichte von Leuten, wie sie im Zen die Antwort auf alle Rätsel des Lebens gefunden haben oder wie sie ihr Glück wahrnahmen oder die Tiefen ihrer neu entdeckten Zen-Seelen ausloteten. Es gibt ernsthafte wissenschaftliche Darstellungen. Es gibt sogar Bücher über Zen und Ihre Katze, Ihren Kanarienvogel oder Ihren Computer. Zuviel Auswahl ist genauso hinderlich wie zu wenig. (Das Problem ist dabei natürlich, dass, wenn man zu viel Auswahl hat, das genauso lähmend wirkt, wie wenn man überhaupt keine hätte.)

Hinzu kommt eine weitere kleine Komplikation. Ich kann mich lebhaft an einen besonders markanten Satz erinnern, auf den ich gleich in meinem allerersten Buch über Zen stieß: „Zen beruht nicht auf dem Studium von Wörtern oder Buchstaben." Nun ja, das leuchtete mir ein. Beim Zen geht es nicht um eine Leseerfahrung. Wie passen also Bücher überhaupt zum Zen, wo sie doch lediglich aus vielen Tausenden von Wörtern und Buchstaben bestehen?

Bei genauerem Zusehen dreht sich alles um die Frage, was mit dem *dharma* gemeint ist. Zunächst bezeichnete das einfach die in den buddhistischen Lehren steckende „Wahrheit". Als diese Lehren galten ursprünglich nur die vom Buddha selbst gesprochenen Worte. Sie lagen in Form von Sutren vor, das heißt in langen Nachschriften von Predigten an die Jünger und damit verbundenen Texten, die direkt auf den Buddha zurückgehen sollten. Natürlich wurden in den nachfolgenden Jahrtausenden diese Worte des Buddha abgewandelt, erweitert, neu interpretiert. Zuweilen gingen sie verloren und wurden später wieder gefunden, von manchen verehrt und von anderen mit Skepsis betrachtet.

Genau wie das bei vielen anderen Begriffen der Fall ist, wird *dharma* heute weiter gefasst. Es werden damit auch viele andere Lehren bezeichnet. Im hoch geschätzten Lotus-Sutra heißt es sogar: „Alle Dinge zu allen Zeiten bieten die Lehren des Buddha und predigen das *dharma*." Langjährige Zen-Jünger merken, dass man im Grunde nichts weglassen kann. Eine Aussprache mit einem Lehrer, ein Gedicht oder ein kurzes Gespräch können bedeutsam sein. Solange sich das Studium des Zen nicht ausschließlich auf das Lesen beschränkt, können Bücher hilfreich sein. Allerdings ersetzt nichts das *zazen* oder die Sitzmeditation und das gemeinsame Üben und den Austausch mit anderen. Ist das die Grundlage, so kann man beim Lesen oft Antworten auf Fragen und Lösungen für Rätsel finden sowie auch die Bekanntschaft von Menschen, die sich ebenfalls um das Zen bemühen.

Es gibt ausgezeichnete und leicht erhältliche Sammlungen von Gedichten, die vom Zen inspiriert sind, so genannten Haiku. Es gibt auch eindrucksvolle Übersetzungen von Werken des

Mönchs-Dichters Ryokan. Anfänger finden viele ihrer Fragen beantwortet in *Zen-Geist, Anfänger-Geist* von Shunryn Suzuki. Für Anfänger besonders wertvoll sind auch die beiden frühen Bücher von Robert Aitken, *Zen als Lebenspraxis* und *Ethik des Zen*.

Für jemanden, der sich als Neuling mit Zen-Literatur befasst, wird es oft hilfreich sein, langsam zu lesen und zu versuchen, jedes Wort in sich aufzunehmen. Lassen Sie sich nicht von der Frage ablenken, ob ein anderes Buch vielleicht besser geeignet wäre, ob Sie bei einem anderen Autor vielleicht alles schneller verstehen würden oder ob der vielleicht eher die wirklichen Antworten zu bieten hätte. Ich selbst habe einige der grundlegenden Texte immer und immer wieder gelesen und finde immer wieder etwas Neues darin. Denken Sie immer daran, dass Ihnen das Zen auf dem Weg über Ihre eigene Erfahrung aufgehen muss, nicht über die Erfahrung anderer. Aber das sorgfältige Lesen kann Sie anstoßen und Sie auf die richtige Fährte setzen.

Im Lauf der Jahre habe ich viele nützliche und anregende Bücher über den Buddhismus und ᵔ Zen gelesen. Zu meinen Lieblingsbüchern gehören diejenigen von Robert Aitken, D. T. Suzuki und Zen-Meister Dogen. Auch alles, was Thomas Cleary übersetzt hat (vieles auch auf Deutsch), möchte ich besonders empfehlen. Die Bücher von Thich Nhat Hanh sind sehr wertvoll, ebenso die Bücher von Gary Snyder, Burton Watson und John Stevens. Natalie Goldberg hat exzellent das Thema Zen und Schreiben behandelt und Edward Espe Browns Buch über Zen und Kochen ist unterhaltsam und instruktiv.

Das sind natürlich nur einige wenige der vielen Bücher, die es zu dieser Thematik gibt. Sie müssen da ein Stück weit selbst auf die Pirsch geben und zusehen, was Sie alles aufspüren. Achten Sie darauf, was Sie anspricht und versuchen Sie herauszubringen, warum Ihnen bestimmte Bücher interessanter vorkommen als andere. Es ist nämlich für Sie genauso wichtig, Ihre eigenen Wünsche und Motive zu kennen, wie es wichtig ist, das richtige Buch zu wählen oder beim Studium eine bestimmte Spur zu verfolgen.

Bedenken Sie zudem, dass sich das *dharma* auch in Büchern findet, die mit Zen nichts zu tun haben. Kochbücher und Gartenbücher, Werke von Wissenschaftlern, Psychologen und Naturkundlern, Kinderbücher und Handbücher für

Autoreparatur – sie alle lehren auf ihre ganz eigene Art. Sie führen uns Dinge vor Augen, die wir sonst gar nie kennen lernen würden. Sie unterweisen uns darin, wie man etwas wartet und pflegt. Sie leiten dazu an, wie man ein Türschloss ausbaut, ohne sich die Haut von den Knöcheln zu schürfen, wie man Planierraupen steuert, Telefonnummern für Ferngespräche findet oder eine Mahlzeit zubereitet, mit der man seine Freunde nicht vertreibt. Alle diese Autoren versuchen, uns zu erleuchten und uns unnötigen Ärger zu ersparen. Hat das nicht alles mehr mit Zen zu tun, als wir ahnen?